네이티브가
가장 많이 쓰는

영어표현 BEST 300

네이티브가 가장 많이 쓰는

영어표현 BEST 300

인 쇄 일 2017년 2월 20일
발 행 일 2017년 3월 10일

저 자 남택현 저 / Heidi Nam 감수
발 행 인 윤우상
총 괄 윤병호
책임편집 최다연
북디자인 Design Didot 디자인디도
발 행 처 송산출판사
주 소 서울특별시 서대문구 통일로32길 14 (홍제 2동)
전 화 (02) 735-6189
팩 스 (02) 737-2260
홈페이지 http://www.songsanpub.co.kr
E-mail songsan1@korea.com
등록일자 1976년 2월 2일. 제 9-40호

ISBN 978-89-7780-239-1 13740

네이티브가
가장 많이 쓰는

영어표현 BEST 300

남택현 저 Heidi Nam 감수

송산출판사

머리말

여러분 안녕하세요,

영어 공부를 다짐하고 시작할 때 우리는 머릿속에 나름대로 목표를 성취한 모습을 상상하고 있을 것입니다. 공인시험에서 좋은 점수를 받거나, 영어로 외국인 친구에게 이메일을 보내거나, 영어로 된 책을 어렵지 않게 읽거나 하는 등의 모습 말입니다. 한 가지 즐거운 상상은 외국인 친구와 함께 영화보거나 또 커피숍에서 차를 마시며 자신의 감정이나 의견을 영어로 능숙하게 표현하며 교제하는 것일 것입니다. 꼭 외국인 친구가 아니라도 영어로 자신의 감정을 자연스럽게 표현하고자 하는 열망은 영어를 공부하는 누구에게나 있을 것입니다. 문제는 매우 일상적으로 사용되는 표현들은 한국어와 영어 상호간에 직역이 어려워 말문이 막히고, 설령 직역이 되어도 매우 어색하다는 점입니다. "왜 영어를 공부했는데 표현이 잘 안될까?"하는 질문은 누구에게나 있습니다. 이 질문에 대한 약간의 해답을 제공하고자 이 책이 쓰였습니다.

직소 퍼즐(jigsaw puzzle)을 잘 아실 것입니다. 수십, 수백 개의 조각퍼즐을 맞추어 하나의 그림을 완성합니다. 영어라는 큰 그림에서 단어, 문법, 독해 등의 퍼즐 조각들과 더불어 빈번한 표현에 대한 퍼즐 조각도 필요합니다. 일상생활에서 매우 빈번하게 사용되는 영어 표현들은 영어가 사용되는 문화 속에서 매우 맥락화 되어있고 관용구적인 성격이 크기 때문에 직역이 어려운 것들입니다. 대신에 표현 속에 문화적인 요소들이 많이 녹아져 있기에 '언어의 맛'을 느끼고 '영어에 대한 감'을 익히는데 큰 도움을 줍니다. 따라서 학업을 위한 영어공부 외에 일상생활속의 빈번한 영어표현에 대한 공부가 영어를 마스터하는데 부족한 부분을 채워줄 수 있습니다.

이 책에서 선정한 대표적인 영어표현은 300개입니다. 하지만 추가적인 표현과 설명 등을 합하면 유익한 영어표현이 1000개 이상입니다. 각 표현들은 매우 엄선된 것들이어서 일상생활에서 매우 빈번하게 사용되는 것들임을 여러분들이 충분히 공감하실 수 있을 것입니다. 중요한 점은 계획을 잘 세워 꾸준히 표현을 연습하는 것입니다. 하루에 10개의 표현을 익히면 한 달이면 책을 마스터 할 수 있습니다. 책에 주어진 표현은 눈으로 읽고 이해하는 것이 목적이 아니라 자연스럽게 입으로 말하는데 있습니다. 따라서 학습한 표현들을 암기하고 반복하여 입으로 말하는 연습을 하는 것이 중요합니다. 그러면 이 표현들이 소위 말하는 '마중물'일 될 수 있을 것입니다. 즉 펌프에서 물을 끌어올리는데 최소한의 물이 필요한 것처럼 영어공부를 계속하며 새로운 내용을 익히는데 이 표현들이 도움을 줄 수 있을 것입니다. 앞서 말씀드린 직소 퍼즐에서 하나의 퍼즐을 맞추면 다른 새로운 퍼즐을 맞추는 것이 쉬워지는 것과 같은 원리입니다.

아무쪼록 영어를 자연스럽고 유창하게 사용하는 자신의 모습을 상상하며 공부하는 여러분들 모두에게 이 책이 목표를 이루는데 조금이라도 도움이 되기를 진심으로 바랍니다.

남택현

차례

1-20위

21-40위

41-60위

61-80위

81-100위

101–120위

121–140위

141–160위

161–180위

181–200위

201-220위

221-240위

241-260위

261–280위

281–300위

001위 - 020위 순위

001위 핸드폰 배터리가 나갔어.

002위 기분 짱이야!

003위 죽도록 사랑해.

004위 이거 요즘 한창 인기잖아.

005위 완전 망신당했어.(*속어: 쪽 팔렸다)

006위 너무 기죽지마.

007위 그 말 진짜지?

008위 감 잡았어.

009위 원 샷!

010위 밤새 한숨도 못 잤어.

011위 끝내주네!

012위 열 받았어.

013위 진짜 최고야(짱이야)!

014위 꿈 깨라 꿈 깨!

015위 첫눈에 반해 버렸어요.

016위 이메일 주소를 문자로 좀 보내줘.

017위 핸드폰 진동으로 바꾸세요.

018위 내 꿈 꿔.

019위 너 제정신이니?

020위 눈코 뜰 새 없이 바빴어.

001위 My cell phone battery is dead.

002위 I'm on cloud nine!

003위 I love you to death.

004위 It's very popular these days.

005위 I was ashamed.

006위 Don't let that get you down.

007위 Are you serious?

008위 I could tell.

009위 Bottoms up!

010위 I stayed up all night.

011위 He's awesome!

012위 I am pissed off.

013위 It was the best!

014위 In your dreams!

015위 I fell in love with her at first sight.

016위 Please text me your e-mail address.

017위 Set your cell phone in vibration mode.

018위 See you in your dreams.

019위 Are you out of your mind?

020위 I have been swamped at work.

001위 휴대전화로 연락이 잘 안될 때

My cell phone battery is dead.

A: I called you this morning but your phone was off.
What happened?

B: My cell phone battery is dead.
I forgot to recharge it yesterday.

*forget to ~하는 것을 깜박 잊다 *recharge 충전하다

핸드폰 배터리가 나갔어.

A: 오전에 전화를 했는데 꺼져 있더라, 어떻게 된거야?

B: 내 핸드폰 배터리가 나갔어, 어제 핸드폰 충전을 깜박했어.

[해설]

핸드폰을 영어로는 cell phone또는 mobile phone이라고 합니다. Hand phone은 콩글리쉬이니 쓰지 않도록 주의해야겠습니다. '핸드폰 배터리가 나갔다'고 하는 표현은 영어로 'My cell phone battery is dead.'라고 표현 합니다. 또는 'My battery died.'라는 말도 쓸 수 있습니다. 즉, 배터리가 죽은 상태라는 의미의 dead또는 die를 써서 표현합니다.

[expression plus]

*휴대폰을 켜다 / 끄다	turn the cell phone on / off
*최신 휴대폰을 사다	buy a brand-new cell phone
*휴대폰 배터리를 바꾸다	change the cell phone battery
*휴대폰을 충전기에 연결하다	connect the cell phone to the charger

002위 어떤 일로 마음이 흡족할 때

I'm on cloud nine!

A: I'm on cloud nine today! Do you know why?
B: No. Did you win the lottery?

*lottery 복권 *cloud nine 9층 천(天)

기분 짱이야!

A: 나 오늘 기분이 짱이야. 왠지 알아?
B: 몰라, 복권 당첨됐어?

[해설]
더없이 행복한 상태(blissful)를 낼 때, cloud nine을 쓸 수 있습니다. cloud nine은 9층 천의 지극히 높은 하늘위에 떠 있는 행복한 기분을 상상하면 되겠습니다. 때로는 cloud seven을 쓰기도 합니다. 다른 표현으로는 feel like a million dollars로 표현할 수 있습니다.

[expression plus]

*기분 짱이야!	I feel like a million dollars!
*그녀는 기분이 우울하다	She's feeling blue (depressed).
*황홀함에 빠지다	I was enraptured by the beautiful scenery.

003위 연인 사이에 사랑한다고 말할 때

I love you to death.

A: You always say that you love me, but I'm not convinced.
B: I love you to death! Believe me!

*be convinced 확신하다

죽도록 사랑해.

A: 너는 맨날 나를 너무나 사랑한다고 하는데 난 도무지 모르겠어.
B: 죽도록 사랑해! 믿어줘!

[해설]
죽도록 사랑한다는 표현은 말 그대로 love to death입니다. 사랑하는 이의 모든 것을 열렬히 사랑할 때 비슷한 표현으로 love to pieces도 쓸 수 있습니다. 누군가와 사랑에 빠지는 것은 fall in love with somebody로, 사랑을 고백하는 것은 confess를 써서 나타낼 수 있습니다.

[expression plus]
*난 그를 열렬히 사랑한다 I love him to pieces.
*그녀와 사랑에 빠졌다 I fell in love with her.
*그녀에게 사랑을 고백할 것이다 I will confess my love to her.

004위 방송의 트랜드를 얘기할 때

It's very popular these days.

A: Have you seen this program?
B: Who hasn't? It's very popular these days.

이거 요즘 한창 인기잖아.

A: 이 프로그램 본 적 있니?
B: 누가 안 봤겠어? 이거 요즘 한창 인기잖아.

[해설]
방송내용이나 어떤 것이 인기를 끌고 있을 때 'It's very popular these days.'로 표현할 수 있습니다. 또 최신유행을 나타내는 trendy를 써서 표현할 수 있습니다.

[expression plus]

*요즘 최신 유행하는 것이다	It's trendy.
*요즘 다들 그 이야기뿐이다	It's what everyone is talking about.
*그녀는 한국 드라마에 푹 빠졌다	She became a big fan of Korean dramas.

005위 어떤 일이나 상황에서 실수로 인해 창피함을 당했을 때

I was ashamed.

A: You look down. What's wrong?
B: I made a huge mistake in my presentation. I was so ashamed.

*make a mistake 실수하다

완전 망신당했어.(*속어: 쪽 팔렸다)

A: 우울해 보이는데. 뭔 문제라도 있어?
B: 프리젠테이션 하는데 큰 실수를 했어. 완전 망신당했어.

[해설]
창피함을 느끼거나 망신을 당했을 때 'I was ashamed.' 라고 표현 할 수 있습니다. 또는 lose face를 사용하여 'He lost face.'라고 할 수도 있습니다.

[expression plus]
*죽고 싶은 심정이었다 I could have died.
*너무나 당혹스러웠다 I was so embarrassed.
*쥐구멍에라도 들어가고 싶은 심정이었다 I felt like crawling into a hole.

006위 어떤 것 때문에 너무 낙담하지 말라고 할 때

Don't let that get you down.

A: I didn't get good grade on TOEIC. But I studied really hard.
B: Don't let that get you down. There's always next time.

*get ~ down: ~를 낙심시키다

너무 기죽지마.

A: 이번 TOEIC 시험에서 좋은 점수를 받지 못했어. 그 동안 정말 열심히 했는데.
B: 너무 기죽지마. 다음에 잘 보면 돼지.

[해설]

어떤 일이 잘 되지 않아 낙심해 있는 사람에게 기죽지 말라고 격려할 때 'Don't let that get you down.' 이라고 말할 수 있습니다. '그 일로 낙심하지 않을 거야'고 말할 때 'I won't let that get me down.'이라고 하면 됩니다. '기죽지 말라'고 할 때 'Don't get discouraged.'라는 표현도 자주 사용됩니다.

[expression plus]

*신경쓰지마 Don't let that bother you.
*실망하지마 Don't be disappointed.
*포기하지마 Don't give up.

007위 상대방의 말을 확인할 때

Are you serious?

A: If you let me know Sophia's phone number, I will treat you to dinner.

B: Are you serious?
Then make sure you take me to a fancy restaurant!

*treat to dinner 저녁을 내다 *make sure 확실히 ~하다 *fancy 멋진

그 말 진짜지?

A: 네가 소피아의 핸드폰 번호를 알아봐준다면 내가 저녁 쏠게.

B: 그 말 진짜지? 근사한 곳에 가서 한턱 내!

[해설]

'Are you serious?'는 상대방이 한 말이 농담이 아닌 진짜인지를 확인할 때 쓸 수 있는 말입니다. serious는 '진지한', 또는 '심각한'의 뜻을 가지고 있습니다. '나 정말 진심이다'라고 할 때는 'I'm serious.'라고 하면 됩니다.

[expression plus]

*정말이지?	You mean it?
*정말로, 참말로	Seriously / no kidding
*농담이야 / 농담 아니야	I'm just kidding. / I'm not kidding.

008위 어떤 상황이나 말의 요지를 파악했을 때

I could tell.

A: Have your heard the news? Jack and Susan broke up.
B: I could tell. No wonder he looked pale yesterday.
I guessed something was wrong between the two.

*break up 헤어지다 *no wonder 이상할 것 없다, 당연하다 *pale 창백한

감 잡았어.

A: 너 그 소식 못 들었어? 잭과 수잔이 결별했대.
B: 감 잡았어. 어쩐지 어제 그의 안색이 좋지 않더라고. 그 둘 사이에 무슨 일이 있는 것 같더라니.

[해설]

우리말로 '감 잡았다'는 표현은 'I could tell.'이라고 표현할 수 있습니다. tell은 '말하다'의 뜻 외에 '알다', '분별하다'의 뜻이 있습니다. 여기서는 '알다'의 뜻으로 쓰였습니다. 비슷한 표현으로 'I could see it.'이 있습니다.

[expression plus]

*차이를 알다	tell the difference
*그의 얼굴에 쓰여 있다(드러난다)	It is written all over his face.

Bottoms up!

A: I can't drink anymore. I'm a light drinker.
B: Don't say that. Bottoms up! Hey, bottoms up!

*light drinker 술을 잘 못 마시는 사람 (↔heavy drinker 술꾼)

원 샷!

A: 나 술 약해서 더 이상 못 마시겠어.
B: 그런 말 하지 말고 원 샷! 이봐, 원 샷 하라구!

[해설]

술이나 음료 한 잔을 한 번에 마셔 비울 때 우리는 '원 샷'을 영어로는 'bottoms up!' 이라고 합니다. 술잔의 바닥(bottom)이 위로 뒤집어 지도록 한 번에 술을 마시는 모습을 상상하면 쉽게 이해가 될 것입니다. 유사한 표현으로는 'Drink up!'이 있습니다.

[expression plus]

*한잔 하다 have a drink.
*폭탄주 boilermaker
*건배 하다 toast / have a toast
*2차 가다 go another round / go bar-hopping.

010위 어떤 일로 인해 밤을 샜을 때

I stayed up all night.

A: I stayed up all night yesterday chatting on line with a friend.
B: I see. That's why you have dark circles under your eyes.

*that's why ~한 이유이다

밤새 한숨도 못 잤어.

A: 어제 집에서 친구와 인터넷 채팅하느라 밤새 한숨도 못 잤어.
B: 그렇구나, 어쩐지 너 오늘 다크서클 생겼더라니.

[해설]
어떤 일로 인해서 밤을 꼬박 샜다고 말할 때 쓸 수 있는 영어 표현으로는 'I stayed up all night.'라고 하면 됩니다. 다른 표현으로는 'I burned the midnight oil.' 또는 'I spent all night.'이라고 할 수 있습니다.

[expression plus]

*잘 자다	have a good sleep
*어제 밤에 잠을 전혀 못자다	couldn't sleep a wink last night
*밤새 뒤척이다	toss and turn all night
*졸다, 낮잠 자다	take a nap

011위 대단함을 표현할 때

He's awesome!

A: He took first place in the exam and received a national scholarship.

B: Wow, he's awesome. I wish I could just do half as much as he does.

*do half as much as ~: ~의 절반만큼 하다

끝내주네!

A: 그는 이번 시험 1등을 하고 또한 국가 장학금을 받았대.

B: 정말 끝내주네. 난 그 사람 반만 따라갔으면 좋겠다.

[해설]

어떤 사람이 대단함을 표현할 때 awesome을 사용하여 'He(She)'s awesome!'이라고 말할 수 있습니다. 'He(She)'s incredible!'이라고 할 수 있습니다. 또는 'He's the man!'이라고 하기도 하는데 여성의 경우 'She's some lady!'라고 할 수 있습니다.

[expression plus]

*재능이 있는	talented
*영리한, 똑똑한	clever / bright / smart
*지적인	intelligent

012위 친구 지간에 화났을 때 쓰는 말

I am pissed off.

A: I am pissed off! Why don't you do what I say?
B: Take it easy! Who do you think you are, talking to me like that?

열 받았어.

A: 정말 열 받아! 넌 왜 그렇게 내 말을 안 듣니?
B: 진정해! 네가 뭔데 그런 식으로 말하냐?

[해설]

'I am pissed off!'는 매우 화난 상태를 표현하는데 친구지간에 쓸 수 있는 말입니다. 비슷한 표현으로는 'I'm really steamed.'라고 할 수 있습니다. '나 열 받게 하지마!'라고 할 때는 'Don't piss me off!'라고 하면 됩니다.

[expression plus]

*분노한	furious
*성난	angry / mad
*화내다	lose one's temper
*화를 참다	hold(keep) one's temper

013위 굉장히 재미있고 감동적인 영화나 책을 봤을 때 주변 사람들에게 추천하면서 쓸 수 있는 말

It was the best!

A: I heard that you watched the movie *The Avengers 2* last weekend. Was it good?
B: I enjoyed it a lot. It was the best!

진짜 최고야(짱이야)!

A: 지난 주말에 영화《어벤저스 2》를 봤다며? 재미있게 봤어?
B: 정말 재미있게 봤어. 최고더라!

[해설]

'It was the best!'는 굉장히 재미있고 감동적인 영화나 책을 봤을 때 주변 사람들에게 추천하면서 쓸 수 있는 말입니다. 'It was fantastic!', 'It was awesome!'도 '정말 멋졌어!', '짱이야!'라는 표현을 대신하여 쓸 수 있습니다.

[expression plus]

*상영영화	feature film
*지루한 영화	boring movie
*눈물 나게 하는 슬픈 영화	tearjerker
*표를 예매하다	reserve a ticket
*영화 시작 시간	show time

014위 허황된 꿈을 말하는 사람에게

In your dreams!

A: I want to be rich. And then I will buy a ship and set out the travel around the world.
B: In your dreams! Just pay the rent for this month.

*set out 출발하다, 착수하다 *pay the rent 월세를 내다

꿈 깨라 꿈 깨!

A: 나는 부자 되고 싶어. 그 다음에는 배를 하나 사고 세계 여행을 떠날 거야.
B: 꿈 깨라 꿈 깨! 먼저 이번 달 월세나 좀 내라.

[해설]

이루지도 못할 일에 대해 허황된 꿈을 꾸는 사람에게 즉 '꿈 깨라!'고 말할 때는 'In your dreams!'라고 하면 됩니다. 'Dream on.'이라고 하기도 하는데 '계속 꿈꾸셔'라는 말로 역설적으로 꿈깨라는 말이됩니다. 또는 'Get real!'의 '진지해져라'나 'You wish!'의 '네 희망사항 일뿐' 등의 뉘앙스를 가진 표현들도 쓸 수 있습니다.

[expression plus]

*꿈도 야무지다 You are such a dreamer!
*백일몽, 몽상 daydream
*꿈꾸고 있네 Are you dreaming?

015위 상대에게 반했을 때

I fell in love with her at first sight.

A: Sophie stole my heart. I fell in love with her at first sight.
B: Then are you going to tell her?

*fall in love with ~와 사랑에 빠지다

첫눈에 반해 버렸어요.

A: 나 소피한테 마음을 빼앗겨버렸어. 첫눈에 반해 버렸거든.
B: 그럼 그녀한테 고백할 거야?

[해설]

상대방 여성에게 첫눈에 반했을 때 'I fell in love with her at first sight.'라고 할 수 있습니다. at first sight가 '처음 보았을 때'를 타나냅니다. 'It was love at first sight.'라고 표현해도 비슷한 의미가 되겠습니다. '보자마자 내가 원하던 사람이란 걸 알았다'는 식으로 표현하면 'I knew she was the one as soon as I saw her.'라고 하면 되겠습니다.

[expression plus]

*누군가에게 홀딱 반하다	have a crush on somebody
*~의 마음을 사로잡다	capture one's heart
*첫 사랑	one's first love

016위 이메일 주소를 알고 싶을 때

Please text me your e-mail address.

A: You've received all the materials our teacher sent you, right? Can you send them to me?
B: Sure. Please text me your e-mail address later. I will send them.

*text 문자메시지를 보내다

이메일 주소를 문자로 좀 보내줘.

A: 선생님께서 보내주신 자료를 다 받았지? 그럼 그 자료들 좀 보내줄래?
B: 그래, 이따가 이메일 주소를 문자로 좀 보내줘. 내가 보내줄게.

[해설]
'문자메시지를 보내다'는 간단하게 text라는 동사를 사용하여 표현할 수 있습니다. 'Please text me your e-mail address.'라고 하면 '이메일 주소를 문자메시지로 보내 달라'는 표현이 됩니다. '내가 보낸 문자 메시지 받았니?'하고 묻는 경우 'Did you get my text message?'라고 하면 됩니다.

[expression plus]
*텍스트메시지를 보내다 send a text message
*카카오톡으로 연락하다 contact on Kakao Talk
*문자에 답하다 respond to the text message

017위 핸드폰 소리를 진동으로 바꿔야 할 때

Set your cell phone in vibration mode.

A: Check whether you set your cell phone in vibration mode before coming into the meeting.
B: Yes, I've set it in vibration mode already.

*vibration mode 진동 모드

핸드폰 진동으로 바꾸세요.

A: 회의에 들어가기 전에 핸드폰을 진동으로 바꾸셨는지 확인해 주세요.
B: 네, 전 벌써 바꿨습니다.

[해설]

회의장소, 영화관 등 공공장소에서 휴대폰을 진동으로 바꾸라는 말을 듣게 됩니다. 기기를 어떤 상태로 설정할 때 set이나 put을 사용할 수 있습니다. 따라서 '휴대폰을 진동으로 바꾸세요.'는 'Set your cell phone in vibration mode.'입니다. 'Put your phone on vibration mode.'이라고 해도 같은 뜻이 됩니다.

[expression plus]

*통화기록	call logs
*영상통화하다	have a video chat
*깨진 액정	cracked screen

018위 연인 혹은 친구 간에 잠자리 들기 전 통화 마지막 말

See you in your dreams.

A: It's late. I'm going to bed. Sleep tight.
B: I'm going to bed, too. Good night. See you in your dreams.

*sleep tight 잘 자

내 꿈 꿔.

A: 늦었다. 이제 난 자야겠어. 잘 자.
B: 나도 잘래. 잘 자. 그럼 내 꿈 꿔.

[해설]
친한 친구나 연인 간에 '내 꿈 꿔'라고 말할 때 '꿈속에서 만나자'의 의미로 'See you in your dreams.'라고 말할 수 있습니다. 이 밖에도 'Dream about me.', 'I will be in your dreams.'를 사용해도 같은 의미가 됩니다.

[expression plus]

*잘 자세요. (잘 자라)	Sweet dreams!
*해몽하다	read a dream
*무서운 꿈을 꾸다	dream a dreadful dream

019위 상대방의 생각이 이해가 되지 않을 때 (친한 동료 사이)

Are you out of your mind?

A: I'm thinking of quitting my job as an illustrator and becoming a writer.

B: Are you out of your mind? That's not your forte.

*quit 그만두다 *forte 강점, 특기, [음악] 포르테의

너 제정신이니?

A: 나 일러스트레이터 그만두고 작가 되려고 하는데.

B: 제정신이냐? 절대 재능 없다고 생각하는데.

[해설]

'제정신이 아니다'라고 할 때 out of mind를 사용할 수 있습니다. 상대방의 생각이 이해되지 않거나 할 때 친한 동료 사이에 '너 제정신이니?'라고 할 때는 'Are you out of your mind?'라고 할 수 있습니다. '미친', '제정신이 아닌'의 'insane'을 사용하여 'Are you insane?'이라고 말해도 비슷한 뜻이 됩니다.

[expression plus]

*집중하다	pay attention
*정신차리다	collect one's mind
*정신 차리다	pull oneself together
*정신 못차리다	don't learn any lesson

020위 매우 바빴음을 표현하는 말

I have been swamped at work.

A: Have you been busy these days? Have lots of work to do?
I even couldn't see your shadow.
B: I have been swamped at work these days.

*swamp 늪, 수렁에 빠뜨리다

눈코 뜰 새 없이 바빴어.

A: 요즘 너무 바빴어? 요즘 일이 많았어? 코빼기도 안 보이더라.
B: 그 동안 회사 일이 너무 많아서 눈코 뜰 새 없이 바빴어.

[해설]

'I have been swamped at work.'는 일에 파묻힐 정도로 바쁜 상황을 나타내는 표현입니다. swamp는 늪을 나타내는 말인데 매우 바쁜 상황은 마치 늪에 빠져서 허우적대는 상황과도 흡사할 것입니다. 무엇인가에 꽉 메여 바쁜 경우를 나타내는 유사한 표현으로 'I have been tied up with work.' 또는 'I have been up to my ears in work.'도 사용 할 수 있습니다.

[expression plus]

*과로하다 overwork, work too much
*과중한 업무량 heavy workload
*업무량이 많은 부서 a busy office

021위 - 040위 순위

021위 진짜 짜증나.

022위 내게 고마워할 것까지는 없어.

023위 뭐가 뭔지 하나도 모르겠어.

024위 사돈 남 말 하네.

025위 그 내용을 문자 메세지로 알려줄게.

026위 뒷북치지 마.

027위 몸매 죽이는데!

028위 여기 무선 인터넷을 쓸 수 있는 곳이 있나요?

029위 깜박 속을 뻔 했어.(하마터면 속을 뻔 했네.)

030위 너 공주병이구나.

031위 네 핸드폰 전화 울려.(너 핸드폰 온다.)

032위 간 떨어질 뻔했잖아.

033위 유행인가 봐.

034위 그거 싸구려야.

035위 바가지 썼네!

036위 그 사람 똥배가 나왔어.

037위 무더워 죽을 지경이야.

038위 완전 바람둥이야.

039위 보지 마! 창피해.

040위 너 몸매 잘빠졌다. (라인이 좋다)

021위 It drives me crazy.

022위 You don't need to thank me.

023위 I don't know what to say at all.

024위 Look who's talking!

025위 I will send it to you with a text message.

026위 Thank you for the history lesson.

027위 She has a killer body!

028위 Is there Wi-Fi here?

029위 You almost got me.

030위 You act like prima donna.

031위 Your phone is ringing.

032위 You scared me to death.

033위 That seems to be in style.

034위 That's just kitsch.

035위 I was ripped off.

036위 She has a spare tire.

037위 It's scorching hot.

038위 He is such a womanizer.

039위 Don't look at me! I'm really embarrassed.

040위 You have a nice figure.

021위 반복된 일이나 질문으로 인해 기분이 상했을 때

It drives me crazy.

A: He is always complaining. It drives me crazy.
B: You can say that again.

*complain 불평하다

진짜 짜증나.

A: 걘 항상 불만투성이어서 진짜 짜증나.
B: 맞아, 맞아.

[해설]
반복되는 일이나 질문으로 기분이 상했을 때 'It drives me crazy.'라고 말할 수 있습니다. 즉 어떤 것이 나를 미칠 지경으로 만든다는 것으로 '정말 짜증이 난다'는 뜻입니다. drive는 여기서 '~한 상태로 만들다'의 뜻이 됩니다. 다른 예로 'The noise drove her mad.'라고 하면 '그 소음으로 그녀는 미칠 것 같았다.'의 뜻이 됩니다.

[expression plus]

*짜증나다	get irritated
*더 이상은 못 참겠어!	I can't stand it.
*진저리가 나다	be sick and tired of something

022위 베풀어 준 호의나 도움 따위에 대하여 상대방에게 겸손하게 말할 때

You don't need to thank me.

A: Thank you for your help. I couldn't have done it without your guidance.

B: You don't need to thank me. It's because you've worked hard.

*it's because ~ ~이기 때문이다

내게 고마워할 것까지는 없어.

A: 도와주셔서 정말 감사합니다. 다 선배님의 지도 덕분이에요.

B: 내게 고마워할 것까지는 없어. 네가 열심히 해서 그런 거야.

[해설]

'You don't need to thank me.'는 '내게 고마워할 것까지는 없다.'는 말로 베풀어준 호의나 도움 따위에 대하여 상대방에게 겸손하게 말할 때 쓸 수 있는 표현입니다. '~할 필요는 없다'의 don't need to ~는 다양한 상황에서 유용하게 쓸 수 있는 표현입니다. 예를 들어 '나에게 사과할 필요 없어'라고 할 때는 'You don't need to apologize to me.'라고 하면 됩니다.

[expression plus]

*천만에요 The pleasure is mine. / Don't mention it. / You're welcome.

*뭘요 Not at all.

*실례합니다 Excuse me.

023위 여러 일이나 상황으로 인해 심경이 복잡할 때

I don't know what to say at all.

A: Stop crying and tell me what have happened to you.
B: I don't know. I don't know what to say at all now.

*stop v-ing ~하기를 멈추다

뭐가 뭔지 하나도 모르겠어.

A: 울고 있지만 말고, 도대체 무슨 일이 있었는지 나한테 얘기해줘.
B: 나 아무것도 모르겠어, 지금 뭐가 뭔지 하나도 모르겠어.

[해설]

여러 일이나 상황으로 심경이 복잡할 때는 어떻게 말로 표현해야 할지 모르는 상태가 됩니다. 이럴 때 'I don't know what to say at all.'라는 표현을 사용하면 '뭐가 뭔지 하나도 모르겠어.'라는 말이 됩니다. '뭘 해야 할지 모르겠다.' 고 할 때는 'I don't know what to do.'라고 하면 됩니다.

[expression plus]

*당황하다 be perplexed
*혼란스럽다 be confused
*어리둥절해 있다 look puzzled

024위 상대방이 말도 안 된다고 면박 줄 때 사용하는 말

Look who's talking!

A: Mike needs to cut down on drinking.
It seems like he drinks too much these days.

B: Look who's talking!
You go to your friends' house and drink before meals everyday!

*cut down on ~을 줄이다 *seem like ~처럼 보이다

사돈 남 말 하네.(남 말 하시네)

A: 마이크는 자제를 좀 해야 해. 요즘 술을 많이 마시는 것 같아

B: 사돈 남 말 하네. 넌 매일 친구들 집에 가서 식전주 마시잖아.

[해설]

상대방에게 말도 안 된다고 면박을 줄 때 우리는 보통 '사돈 남 말 하네.'라고 말합니다. 이때 유용한 표현은 'Look who's talking!'입니다. 비슷한 표현으로는 'You're a fine one to talk!'가 있으며 미국에서 사용하는 비 격식적인 표현으로 'You should talk!'라고 해도 같은 의미가 됩니다.

[expression plus]

*허튼소리	silly talk / nonsense / absurd remarks
*말대꾸하다	talk back
*똥 묻은 개가 겨 묻은 개 나무란다	The pot calls the kettle black.

025위 문자로 내용을 알려주고자 할 때

I will send it to you with a text message.

A: Kate, do you know the e-mail address of our biology teacher?
B: Yes. I will send it to you with a text message.

그 내용을 문자 메세지로 알려줄게.

A: 케이트, 우리 생물 선생님 이메일 주소 알아?
B: 응. 문자 메시지로 알려줄게.

[해설]

'I will send it to you with a text message.'는 어떤 내용을 문자로 알려 주고자 할 때 쓸 수 있는 표현입니다. 같은 표현으로는 'I'll text it to you.'가 있습니다. 대명사 it 자리에는 직접적인 내용을 넣어 표현할 수 있는데 예를 들어 text the phone number to him이라고 하면 '그에게 전화번호를 문자로 알려주다'는 말이 됩니다.

[expression plus]

*파일을 첨부하다	attach a file
*메시지를 확인하다	check the message
*이모티콘	emoticon

026위 뒤늦게 수선을 떨 때

Thank you for the history lesson.

A: If you had prepared better, your exam wouldn't have turned out like this.
B: Thank you for the history lesson. Tell me something I don't know.

*turn out 결과가 나오다

뒷북치지 마.

A: 만약에 네가 잘 준비했더라면 시험이 이렇게 되지 않았을 텐데.
B: 뒷북치지 마. 누가 그걸 몰라?

[해설]

너무나 잘 알고 있는 사실에 대해 뒤늦게 수선을 떨 때 우리는 흔히 '뒷북치지마'라고 합니다. 영어로는 'Thank you for the history lesson.'이라고 하면 됩니다. 역사는 이미 알려진 사실에 대한 것이므로 나도 알고 있으니 뒷북치지 말라는 의미가 되겠습니다. 'Do you think I don't know that?'이라고 해도 같은 의미가 되겠습니다.

[expression plus]

*호들갑떨다 make a big fuss
*그걸 누가 몰라 You don't say.
*진부한 표현, 상투적인 말 cliché

027위 몸매가 좋은 남성 혹은 여성을 봤을 때 나오는 감탄의 표현

She has a killer body!

A: Wow, look at the woman over there. She has a killer body.
B: Yeah. She's perfect.

몸매 죽이는데!

A: 와우, 저 여자 좀 봐. 몸매 죽이는데!
B: 그러게. 완벽하다. (완전 예쁘다.)

[해설]

'죽여주는 몸매'는 말 그대로 killer body입니다. 따라서 몸매가 좋은 남성 혹은 여성을 봤을 때 '몸매 죽이는데!'라는 말은 'She has a killer body.'로 표현할 수 있습니다. 여성이 너무나 섹시하고 '핫'해 보이는 경우 'She's a perfect ten.'이라고 하면 되겠습니다.

[expression plus]

*날씬한 몸매	slim body
*건강한 몸매	be in good shape
*과체중	overweight
*비만	fat / obese

028위 여행 등을 가서 무선인터넷 사용할 곳을 찾을 때

Is there Wi-Fi here?

A: Excuse me, but is there Wi-Fi in this coffee shop?
B: Sorry, but we don't provide a Wi-Fi Internet connection.

여기서 무선 인터넷을 쓸 수 있나요?

A: 실례하지만 이 커피숍에서 무선 인터넷을 쓸 수 있나요?
B: 죄송하지만, 무선 인터넷 서비스는 제공되지 않습니다.

[해설]

여행 등을 가서 무선인터넷을 사용할 수 있는지 물어볼 때 쓸 수 있는 표현으로 'Is there Wi-Fi here?'가 있습니다. 'Does this place have Wi-Fi?'라고 해도 '여기서 무선 인터넷을 쓸 수 있나요?'의 같은 표현이 됩니다. '어디에서 무선 인터넷을 쓸 수 있나요?' 라고 물을 때는 'Where can I get Wi-Fi?' 라고 하면 됩니다.

[expression plus]

* 무료 무선인터넷을 사용하다	get free Wi-Fi
* 빠른 무선인터넷 서비스	fast Wi-Fi service
* 와이파이 비밀번호	Wi-Fi password
* 사이트에 접속하다	log on to the site

029위 상대가 한 말이 속아 넘어갈 만큼 그럴 듯 했다는 표현.

You almost got me.

A: I won't go with you! See, you almost got me.
B: When did I trick you? I just need a witness.

*witness 증인, 목격자

깜박 속을 뻔 했어. (하마터면 속을 뻔 했네.)

A: 난 너랑 같이 안 가! 참, 깜박 속을 뻔 했어.
B: 내가 언제 널 속였어? 난 단지 증인이 필요할 뿐이라구.

[해설]

상대가 한 말이 속아 넘어갈 만큼 그럴 듯하여 '깜박 속을 뻔 했어.' 라고 말할 때 'You almost got me.' 라고 하면 됩니다. '어떤 상태에 빠지게 되다'의 fall의 과거형을 사용하여 'I almost fell for it.'이라고 해도 같은 뜻이 됩니다. '네가 날 속였어.' 라고 할 때는 'You tricked me.'라고 하면 됩니다.

[expression plus]

*놀리다, 장난치다 pull one's leg
*악의 없는 거짓말 white lie
*거짓말 하다 tell a lie

030위 젊은 여성이 마치 자기가 공주처럼 예쁘다고 착각할 때

You act like prima donna.

A: Don't I look beautiful today? Three people talked to me this morning already.
B: You act like prima donna.

너 공주병이구나.

A: 나 오늘 예쁘지? 오늘 아침에만 벌써 세 명이 내게 말을 걸었거든.
B: 너 공주병이구나. (그만 좀 하시지)

[해설]

공주병을 흔히들 princess syndrom 이라고 하는데 원어민들은 잘 사용하지 않네요. '너 공주병이구나.' 라는 말에는 'You act like prima donna.' 이 있습니다. 이 외에도 'You have such a big head.' 또는 'You are full of yourself.', 'You think you are so special.' 등, 잘난 체를 한다는 뉘앙스를 가진 다양한 표현들이 있습니다.

[expression plus]

*자랑하다	show off
*착각 하지마.	Don't flatter yourself.
*신데렐라 콤플렉스	Cinderella complex

(노력대신 자신의 인생을 변화시켜줄 누군가에게 의존하는 여성의 심리를 나타내는 말)

031위 상대방의 전화가 오는 것을 알려줄 때

Your phone is ringing.

A: Mr. Jonson, your phone is ringing. I have asked you to turn off your phone.
B: I'm sorry. It was an important call.

네 핸드폰 전화 울려(너 핸드폰 온다.)

A: 존슨씨, 전화오네요. 핸드폰 끄라고 말씀드렸건만.
B: 죄송합니다. 중요한 전화라서요.

[해설]

전화가 울리는 경우는 벨소리가 울리는 경우 (ringing), 아니면 진동이 울리는 경우 (vibrating)일 것입니다. 따라서 '전화 온다'는 'Your phone is ringing.' 또는 'Your phone is vibrating.'을 상황에 맞게 사용하면 되겠습니다. 아니면 그냥 'That's your phone.'이라고 해도 핸드폰 전화가 왔다는 것을 상대방에게 알려주는 표현이 됩니다.

[expression plus]

*전화 받다	answer the phone
*잘못 걸려온 전화	wrong number
*나중에 다시 전화하다	call back later

032위 깜짝 놀랐을 때

You scared me to death.

A: What are you doing? Is it a fun?
B: You scared me to death! I thought everybody was out.

간 떨어질 뻔했잖아.

A: 너 뭐하고 있어? 재밌는 거니?
B: 간 떨어질 뻔했잖아! 난 사람들이 다 나갔는 줄 알았어.

[해설]

scare는 '누군가를 놀라게 하다'의 뜻인데 scare somebody to death는 누군가를 깜짝 놀라게 해 죽을 지경에 이를 정도로 매우 놀라게 만들다는 뜻이 됩니다. 따라서 우리말로 '간 떨어질 뻔했잖아.'는 'You scared me to death.'라고 하면 됩니다. '놀라서 심장이 멎을 뻔 했다.'의 의미인 'My heart just about stopped.'도 유사한 표현입니다.

[expression plus]

*겁에 질린 표정	a scared look
*아무 것도 아닌 일에 놀라다	get scared at nothing
*…에 놀라다	be frightened at ~

033위 일시적으로 널리 퍼져 많은 사람들이 사용하는 분위기 일 때

That seems to be in style.

A: Have you seen it? Almost all the French people have digital frames.

B: Right. That seems to be in style.

유행인가 봐.

A: 봤어? 프랑스 사람 거의 다가 디지털 액자를 가지고 있어.

B: 그러게. 유행인가 봐.

[해설]

어떤 것이 유행 일 때 in style을 사용할 수 있습니다. 'That seems to be in style.'하면 '(그게) 유행인가 봐.'의 뜻이 됩니다. 보다 구체적으로 '요즘 모자가 유행인가 봐.'라는 말은 'Hats seem to be in style these days.'로 표현 할 수 있습니다. 유행을 나타내는 다른 말로는 trendy가 있습니다. 따라서 'That seems trendy.'이라고 해도 같은 표현이 됩니다.

[expression plus]

*유행에 뒤지다	go out of style
*유행어	a vogue word
*유행하기 시작하다	come into fashion

034위 값이 싸거나 질이 낮은 물건을 말할 때

That's just kitsch.

A: Look at these shoes. What do you think of them?
B: Those are kitsch. Don't buy them.

그거 싸구려야.

A: 이 신발 좀 봐. 넌 어떻게 생각해?
B: 그거 싸구려야. 사지 마.

[해설]
'kitsch [kitʃ]'는 독일어에서 온 것으로 싸구려 저속한 작품이나 물건을 의미합니다. 따라서 'That's just kitsch.'는 '그거 싸구려야.'라는 표현이 됩니다. 일반적으로 '값이 싸다'는 의미의 cheap도 싸구려라는 의미가 내포되어 있으므로 'They look cheap.'하면 '싸구려 제품으로 보인다.'의 뜻이 되겠습니다.

[expression plus]

*싸구려를 찾아다니다	look for a bargain / look for a cheap article
*적절한 가격	reasonable price
*생활 잡화	sundry goods

035위 생각보다 너무 비싼 가격에 대해

I was ripped off.

A: Is this the famous computer you bought?
I saw the same model online 500 dollars cheaper than this one.

B: You're lying! Then I was totally ripped off.

바가지 썼네!

A: 이 게 네가 산 그 유명한 컴퓨터니? 난 500 달러 더 싼 값에 봤는데.

B: 거짓말! 그럼 나 완전 바가지 썼네?

[해설]

물건을 사거나 여행을 간 현지에서 바가지를 쓰는 경우가 종종 있습니다. 이때 '바가지 썼다.'는 표현은 'I was ripped off.'가 되겠습니다. rip은 '찢다', '벗겨내다'의 뜻인데 우리말의 '홀딱 벗겨 먹는다'는 말과 일맥상통합니다. 'I was overcharged.' 도 바가지를 썼다는 의미입니다. '가격이 터무니없이 비싸다'는 의미의 'That was a rip off.' 또는 'The price was exorbitant.'를 쓰면 '이건 완전 바가지야.'의 의미가 되겠습니다.

[expression plus]

*싸게 사다	It was a good buy.
*할인 가격	bargain price
*할인 받다	get a discount

036위 똥똥하게 나온 배를 보고

She has a spare tire.

A: Look at the spare tire she has. She wore a tight one-piece dress.
B: Maybe she doesn't have a mirror at home.

그 사람 똥배가 나왔어.

A: 저 여자 똥배 나온 것 좀 봐. 그래도 저렇게 꽉 끼는 원피스를 입었네.
B: 저 여자 집엔 거울도 없나봐.

[해설]

여분의 tire를 spare tire라고 하는데 뱃살이 볼록하게 튀어나온 경우에도 사용합니다. 즉, 'She has a spare tire.'이라고 하면 '그녀는 똥배가 나왔어.'의 뜻이 됩니다. 흔히 '저 여자 똥배 나온 것 좀 봐.'라고 할 때 'Look at the spare tire she has.'라는 표현을 쓰게 됩니다. 주로 남성에게 쓰는 유사한 표현으로는 'He has a beer belly.' 또는 'He has a pot belly.'가 있습니다.

[expression plus]

* 살을 빼다 — lose weight
* 규칙적인 운동 — regular exercise
* 튀어나온 옆구리 살 — love handle

037위 견디기 힘든 더위에

It's scorching hot.

A: How's the weather like there?
B: It's scorching hot. I wish it would rain.

무더워 죽을 지경이야.

A: 요즘 거기 날씨 어때?
B: 무더워 죽을 지경이야. 한차례 비가 좀 내려야 할 텐데.

[해설]

뜨거운 태양에 식물 잎이 타들어가듯 바싹 마르고 무더운 날씨를 표현할 때 'It's scorching hot.'이라고 합니다. 즉 '무더워 죽을 지경이다.'라는 뜻으로 'It's hot to death.'도 같은 표현입니다. 장마철의 무덥고 습기 있는 눅눅한 날씨를 표현할 때는 'It's hot and humid.' 또는 습기로 끈적거리는 느낌을 표현하여 'It's hot and sticky.'라고 하면 되겠습니다.

[expression plus]

*소나기를 만나다	be caught in a shower
*이열치열	fight heat with heat
*기상이변	unusual weather

038위 곧 잘 바람을 피우는 사람에 대해

He is such a womanizer.

A: He seems to be a really nice man.
B: You think so? But he is such a womanizer. Stop dating him.

완전 바람둥이야.

A: 그는 정말 괜찮아 보이는데.
B: 그래 보이지? 하지만 그는 완전히 바람둥이야. 사귀지 마.

[해설]

외국의 톱스타 들 중에는 유명한 바람둥이도 있는데요, 이때 womanizer라는 말을 쓸 수 있습니다. 이 말은 woman chaser 즉, '여자 꽁무니를 쫓아다니는 남자'를 의미합니다. 따라서 '그 사람 완전 바람둥이야.'라는 표현은 'He is such a womanizer.'라고 하면 됩니다. 'He's such a skirt chaser.' 또는 'He is such a player.'도 같은 의미가 되겠습니다.

[expression plus]

*소개팅	blind date
*첫인상	a first impression
*외식하다	eat out

039위 평소와 다른 행동으로 인해 어색하여 부끄러움을 느낄 때

Don't look at me! I'm really embarrassed.

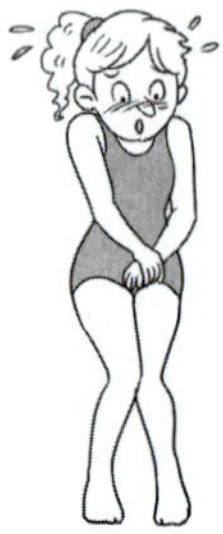

A: Wow! You wore a swimming suit?
B: Don't look at me! I'm really embarrassed.

*embarrassed 당황한, 난처한

보지 마! 창피해.

A: 와우! 너 수영복 입었네?
B: 보지 마! 창피해 (정말 부끄러워 죽겠어).

[해설]

평소와 다른 행동으로 인해 어색하여 창피함이나, 부끄러움을 느낄 때 'I'm really embarrassed.' 라는 표현을 쓸 수 있습니다. be embarrassed는 실수 했을 때에나 그 외 다양한 당혹스런 상황에서 쓸 수 있는 표현입니다. 창피함을 나타낼 때 'I feel so exposed.'도 쓸 수 있는데 완전히 벌거벗은 채로 노출 된 것 같은 부끄러움을 표현하고 있습니다.

[expression plus]

*당황스런 순간	embarrassing moment
*쥐구멍에라도 숨고 싶다	want to crawl into a hole
*부끄러움을 극복하다	get over shyness

040위 훌륭한 몸매를 보고

You have a nice figure.

A: That dress looks nice on you. You have a nice figure.
B: Thanks, I know. I hear that kind of comment frequently.

*figure 몸매, 자태

너 몸매 잘빠졌다.(라인이 좋다.)

A: 네가 입은 드레스 정말 예쁘다. 게다가 너 몸매 잘 빠졌다.
B: 고마워, 나도 알아. 그런 얘기 자주 들어.

[해설]
상대방의 몸매를 칭찬할 때 'You have a nice figure.'라고 할 수 있습니다. 여기서 figure는 몸매, 또는 자태를 의미합니다. 'You have a nice body.'라고 할 수도 있는데 상대방의 몸을 직접 언급하는 것이 경우에 따라서는 적절치 않게 들릴 수 있으니 친한 사이에서 사용하는 것이 좋겠습니다.

[expression plus]
*날씬한 몸매 a slender figure
*글래머 몸매 a curvy figure
*늘씬한 모습 a trim figure
*몸매를 잃다 lose one's figure

041위 - 060위 순위

041위 말씀 많이 들었어요.

042위 말실수였어.

043위 이 짓이 지겨워 죽겠어!

044위 늦잠 잘거야.

045위 되게 비싸게 구네.

046위 아무 말도 하지 마.(입도 뻥긋하지 마.)

047위 큰일 났어!

048위 미안해 할 것까지는 없어.

049위 요즘 바빠 죽을 지경이야.

050위 그 얘긴 꺼내지도 마!

051위 난 걔한테 홀딱 반했어.

052위 군침이 도는군.

053위 넌 사진보다 실물이 예뻐.

054위 뱃살 좀 빼고 싶어요.

055위 옷이 촌스러워.

056위 눈에 콩깍지가 씌었나 봐.

057위 걔는 입만 살았어.

058위 눈이 삐었구나!

059위 옷이 너무 야하네.

060위 걘 듣기 좋은 말만 해.

041위 I've heard a lot about you.

042위 It was a slip of the tongue.

043위 I'm sick and tired of it.

044위 I will sleep in.

045위 You are so stuck up.

046위 Don't say one word about it.

047위 We are in big trouble.

048위 You don't need to feel sorry for me.

049위 Nowadays, my workload is killing me.

050위 Don't bring that up again.

051위 I have a crush on her.

052위 My mouth is watering.

053위 You look better in real life than in the photograph.

054위 I want to get rid of these love handles.

055위 The clothes here are out of style.

056위 Love is in the eye of the beholder.

057위 He is all talk and no action.

058위 She must have bad eyesight!

059위 The outfit is too loud and flashy.

060위 He only tells you what you want to hear.

041위 보고 싶었던 사람을 만나 반가움을 표현할 때

I've heard a lot about you.

A: I'm glad to meet you. I've heard a lot about you.
B: Really? What grade are you in? How's school going?

말씀 많이 들었어요.

A: 만나 뵙게 되어서 반가워요. 말씀 많이 들었어요.
B: 정말? 몇 학년인데요? 학교생활은 할 만해요?

[해설]

평소 보고 싶었던 사람을 만나 반가움을 표현할 때 '말씀 많이 들었어요.'라고 인사합니다. 이때 '~에 대해 듣다'는 hear about인데 현재완료형을 사용하여 'I've heard a lot about you.'라고 하면 됩니다. 'I have heard about you many times.'도 같은 뜻입니다. 반대로 '그 사람에 대해 들어본 적이 없다.'라고 하려면 'I haven't heard about him.'라고 하면 됩니다.

[expression plus]

*유명인사	celebrity
*만나본 적이 있다	have met before
*자신을 소개하다	introduce oneself

042위 휴대전화로 연락이 잘 안될 때

It was a slip of the tongue.

A: I'm sorry. It was a slip of the tongue.
B: I will let it go this time, but don't do it again.

*slip 미끄러짐, 과실

말실수였어.

A: 미안해, 좀 전에 말실수였어.
B: 이번엔 참지만, 담엔 그냥 넘어가지 않을 거야.

[해설]

자신도 모르게 말실수하여 사과할 때 쓸 수 있는 표현은 'It was a slip of the tongue.'입니다. 말 그대로 자신도 모르게 혀가 미끄러져 실수한 경우처럼 '말실수였다.'라는 말입니다. 'I really put my foot in my mouth.'도 같은 뜻인데 '발을 입에 집어넣었다'는 말이 '내가 말실수 했어.'라는 표현이 됩니다. '한번 내뱉은 말은 주워 담지 못한다.'는 표현은 'Words once spoken can't be taken back.'이니 이것도 알아 두면 좋겠습니다.

[expression plus]

*농담의, 비꼬는	tongue in cheek
*말수가 많은	talkative
*말수가 적은	reserved
*~와 한 두 마디 하다	have a word with ~

043위 넌더리가 날 정도로 지루하고 싫을 때

I'm sick and tired of it.

A: I heard that you work part-time at a coffee shop. Is that true?
B: Yes, right. But I'm really sick and tired of it!
And the hourly payment for the part-time work is so low.

*hourly payment 시급

이 짓이 지겨워 죽겠어!

A: 너 커피숍에서 알바한다면서? 진짜야?
B: 응 맞아. 근데 이 짓이 지겨워 죽겠어! 게다가 알바시급은 정말 형편없다구.

[해설]

어떤 일이 넌더리가 날 정도로 지루하고 싫을 때 sick and tired of를 사용하여 'I'm sick and tired of this.'라고 할 수 있습니다. 만약 '그 남자 넌더리가 나' 라고 말하려면 'I'm sick and tired of him.'라고 하면 됩니다. 때로는 너무 여러 번 이용만 당해 진절머리 나는 경우도 있는데, 그 때는 'I'm sick and tired of being used.'라고 할 수 있겠습니다.

[expression plus]

*업무의 단조로움	the monotony of the job
*이직하다	change one's job (occupation)
*일에 지원하다	apply for the job

044위 잠을 실컷 자고 싶을 때

I will sleep in.

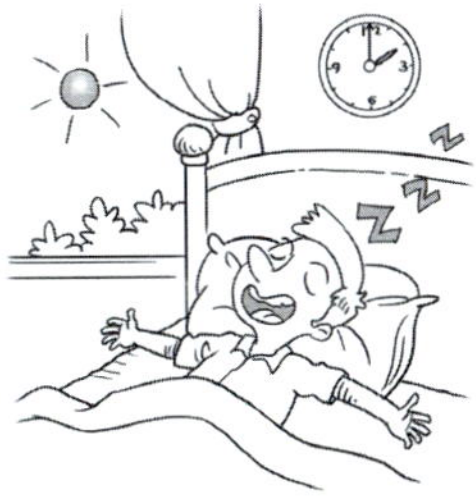

A: Tomorrow is Saturday. I will sleep in.
B: I can understand that. The exam week is over.

늦잠잘거야.

A: 내일은 토요일. 늦잠이나 실컷 자야지.
B: 그럴만해. 일주일간의 시험기간이 끝났으니.

[해설]

바쁘게 생활하는 현대인들은 늦잠 한 번 실컷 자보고 싶은 마음이 굴뚝같을 것입니다. '늦잠 자다'는 oversleep이라는 표현이 있습니다. 따라서 '나 늦잠 잤어.'라는 표현은 'I overslept.'이라고 하면 됩니다. 또 '잠을 늦게까지 푹 자다'라는 말은 sleep in을 사용할 수 있는데 'I slept in too late.'라고 하면 '늦잠 잤어.'라는 말이 되고 'I will sleep in.'이라고 하면 '늦잠이나 실컷 자야지.'라는 말이 됩니다.

[expression plus]

*수면부족	sleep deficit
*숙면	sound sleep
*잠 못 이루는 밤	sleepless night
*잠꼬대 하다	talk in one's sleep

045위 다른 사람의 요구에 쉽게 응하지 않고 도도하게 행동할 때

You are so stuck up.

A: You are so stuck up. The president himself came to meet you.
B: So what? Even if the president visited me, I still wouldn't go to the company.

되게 비싸게 구네.

A: 되게 비싸게 구네. 사장님이란 사람까지 친히 찾아오게 하고 말이야.
B: 사실은 사장님이 그렇게 나와도 난 그 회사가 안 갈 거야.

[해설]

다른 사람의 요구에 쉽게 응하지 않고 도도하게 행동할 때 be stuck up을 사용할 수 있습니다. 따라서 '너 참 되게 비싸게 군다.'라고 할 때 'You are so stuck up.'이라고 말할 수 있습니다. 비슷한 표현으로 'You're holding your head very high.'로 우리말의 '목을 너무 빳빳하게 세우고 있다'는 의미 정도가 되겠습니다. '너무 비싸게 굴지마.'라고 할 때 'Don't be so stuck up.' 또는 'Get off your high horse.'라고 말하면 되겠습니다.

[expression plus]

* 거만한	arrogant
* 건방진	haughty
* 겸손한	humble
* 너 참 싸게군다	You are cheap.

046위 비밀 이야기 할 때 많이 쓰는 말

Don't say one word about it.

A: I'm so embarrassed! Don't say one word about it at school.
B: My lips are sealed.

*sealed 봉인한, 밀봉한

아무 말도 하지 마(입도 뻥긋하지마).

A: 오늘 정말 쪽 팔려! 학교에 돌아가서 아무 말도 하지 마.
B: 오늘의 일에 관하여 한 마디도 안 할게.

[해설]
비밀 이야기를 할 때 '아무 말도 하지마.'라고 상대방에게 말하게 됩니다. 이때 쓸 수 있는 말은 'Don't say one word about it.'이라고 하면 '그것에 대해 한 마디도 하지 말라'는 뜻이 됩니다. 비슷한 표현으로 'Don't you dare tell anyone about this.'가 있습니다. 절대로 다른 사람에게 말하지 말라는 의미가 되겠습니다.

[expression plus]
*우리만의 비밀이다 It's just between you and me.
*비밀을 지키다 keep the secret
*비밀이 탄로나다, 들통나다 The cat's out of the bag.

047위 좋지 않은 상황이 생겼을 때

We are in big trouble.

A: We are in big trouble! The professor called the roll today. What can we do?

B: Really? I haven't turned in the paper yet.

*call the roll 출석 부르다 *turn in 제출하다

큰일 났어!

A: 큰일 났어! 오늘은 제대로 출석 불렀대. 어떡하지.

B: 정말? 난 레포트도 안냈어.

[해설]

긴급하고 좋지 않은 상황에 처했을 때 '큰일 났다'고 합니다. 이때 쓸 수 있는 표현이 'We are in big trouble.'입니다. 곤경에 처하는 것이 in trouble인데 trouble 앞에 강조하는 말을 넣어주면 됩니다. 즉, 'We are in serious trouble.'해도 같은 뜻입니다. '너 큰일 날 줄 알아'라고 할 때는 'You will be in trouble.'라고 하면 됩니다.

[expression plus]

*자업자득이다	You brought it on yourself.
*곤경에 처하다	be in difficulty
*응급상황	emergency situation

048위 나에 대해 마음이 편치 못하고 미안함 느끼는 사람에게

You don't need to feel sorry for me.

A: I'm sorry, I didn't know that the document was that important for you.
B: That's okay. You don't need to feel sorry for me.
I should have warned you before hand.

*should have p.p ~했어야 했다 *warn 경고하다

미안해 할 것까지는 없어.

A: 미안해요, 그 서류가 당신에게 그렇게 중요한지 몰랐어요.
B: 아니에요, 미안해할 것 까지는 없어요. 내가 당신에게 미리 주의를 줬어야 했어요.

[해설]
상대방이 나에 대해 미안해 할 때 '그렇게 미안해 할 것 까지는 없다'고 말할 때 '~할 필요는 없다'는 don't need to~로 다양하게 사용할 수 있는 유용한 표현입니다. '미안함을 느끼다'는 feel sorry입니다. 따라서 'You don't need to feel sorry for me.'라고 하면 됩니다. 또는 'Don't worry about it.'이라고 하면 '걱정하지마', '신경쓰지마' 정도로 유사한 표현이 되겠습니다.

[expression plus]
*사과하다 apologize
*화해하다 make up with someone
*달래다 make someone feel better

049위 너무 바쁜 일상을 표현할 때

Nowadays, my workload is killing me.

A: How are you doing these days?
We haven't had dinner together in a long time.

B: That's true. But nowadays, my workload is killing me.
I don't even have time to go out to eat.

* workload 작업량, 일의 부하

요즘 바빠 죽을 지경이야.

A: 요즘 잘 지내? 같이 점심 먹은 지도 오래 됐네.

B: 그러게. 그런데 요즘 바빠 죽을 지경이야. 밥 먹으러 나갈 시간도 없거든.

[해설]

너무 바쁜 일상을 표현할 때 흔히 '요즘 바빠 죽겠다'는 말을 합니다. 이때 쓸 수 있는 표현은 'Nowadays, my workload is killing me.' 또는 'This workload is going to kill me.'라고 하면 됩니다. 즉 '작업량이 너무 많아 죽을 지경이다'라는 의미가 되겠습니다. 일반적으로 '할 일이 너무 많다'고 할 때는 'I have too much work to do.'라고 하면 됩니다.

[expression plus]

* 일중독자	workaholic
* 매우 열심히 일하다	work like a dog
* 몹시 바쁘다	busy as a beaver

050위 (구어체에서) 그 문제는 민감하니까 꺼내지도 말라는 뜻으로

Don't bring that up again.

A: What happened between David and you?
B: Don't bring that up again! I get irritated just thinking about it.

그 얘긴 꺼내지도 마!

A: 데이비드랑 도대체 무슨 일인데?
B: 그 얘긴 꺼내지도 마! 그 자식과의 일을 생각만 해도 화가나.

[해설]

어떤 내용을 대화 화제로 꺼낼 때 'bring up'이라고 합니다. 따라서 민감한 문제에 대해서 언급하지 말라고 할 때 'Don't bring that up again.'이라고 합니다. 여기서 that은 앞에서 언급된 내용을 말합니다. 만일 '그 문제는 다시 꺼내지 마.'라고 할 때는 'Don't bring that matter again.'라고 하면 됩니다. 또는 '그 이야기 그만하자'라고 하려면 단순히 'Let's drop the subject.' 라고 말할 수 있습니다.

[expression plus]

*민감한 내용	sensitive issue
*화제를 꺼내다	bring up the matter
*입이 가볍다	have a big mouth
*입이 무거운 사람	tight-lipped person

051위 어떤 사람이나 사물 따위에 마음이 홀린 것같이 쏠렸을 때

I have a crush on her.

A: What do you think about Stephanie?
B: Seriously, I have a crush on her. It was love at first sight.

*crush 홀딱 반함

난 걔한테 홀딱 반했어.

A: 너 스테파니 어떻게 생각하니?
B: 농담이 아니라, 나 걔한테 홀딱 반했어. 첫눈에 반했단 말이야.

[해설]

어떤 사람에게 완전히 반했을 때, 만약 여성에게 반했다면 'I have a crush on her.'라고 하면 됩니다. crush는 '짓밟다, 으깨다' 또는 '으깸'의 뜻인데 구어체에서 누군가에게 '홀딱 반함'이라는 뜻이 있습니다. 누군가에게 홀딱 반하면 그 사람을 생각하는 것을 멈출 수가 없는데요, 이때 'I can't stop thinking about her.'라고 할 수 있습니다.

[expression plus]

*운명적 만남 be destined to be together
*짝사랑 unrequited love
*결혼해 주시겠습니까? Will you marry me?

052위 식욕이 날 때

My mouth is watering.

A: Wow, it smells good. My mouth is watering.
B: So now you know that my cooking skill is very good?

군침이 도는군.

A: 와, 향이 죽인다. 군침이 도는군.
B: 내 솜씨가 보통이 아닌 걸 이제 알았지?

[해설]

음식을 보고 입에 군침이 돌 때 'My mouth is watering.'이라고 합니다. 또는 'It makes my mouth water.'라고 할 수 있습니다. '생각만 해도 군침이 돈다'라는 표현도 자주 쓰는데요, 그때는 'Just thinking about it makes my mouth water.'라고 하면 됩니다. '먹고 싶어서 기다릴 수 없을 정도이다'라는 말을 하려면 'I can't wait to taste it.'이라고 하면 됩니다.

[expression plus]

*맛있다	It's yummy.
*맛이 어떤가요?	How does it taste?
*매운	hot and spicy
*맛이 없는	tasteless, taste awful

053위 사진이 실물보다 못하게 나왔을 때

You look better in real life than in the photograph.

A: Is this girl in the picture really you?
You look better in real life than in the photograph.
B: Of course it is me. I was just in the third grade in high school.

*in real life 실제, 현실

넌 사진보다 실물이 예뻐.

A: 사진에 있는 여자가 정말 너야? 너는 사진보다 실물이 예뻐.
B: 당연히 나지. 그때 난 겨우 고등하교 3학년이었어.

[해설]

사진의 모습이 실물보다 못하게 나왔을 때, 'You look better in real life than in the photograph.'라고 하면 됩니다. in real life는 '실제', 또는 '현실에서'의 의미입니다. 유사한 표현으로 'The picture doesn't do you justice.'라고 하면 됩니다. '사진이 실물을 공정하게 반영하지 못하였다'는 의미로 실물보다 사진이 못하다는 의미가 됩니다.

[expression plus]

*사진을 찍다 take a picture
*사진을 잘 받는 photogenic
*사진이 흐릿한 blurry

054위 다이어트에 관해 얘기하면서

I want to get rid of these love handles.

A: I do want to get rid of these love handles. What should I do, doctor?

B: First, you should refrain from drinking beer.

*refrain from ~을 자제하다, 금하다

뱃살 좀 빼고 싶어요.

A: 뱃살 좀 빼고 싶은데, 어떻게 하면 될까요, 의사선생님.

B: 그렇다면 일단 맥주 마시는 것부터 자제해야 될 겁니다.

[해설]

뱃살은 love handles라고 합니다. '뱃살을 빼고 싶다'고 할 때 'I want to get ride of these love handles.'라고 말하면 됩니다. 여기서 get rid of는 '제거하다'의 뜻입니다. 일반적으로 '살을 빼고 싶다'고 말할 때는 'I want to lose weight.'라고 합니다. 또는 'I'd like to shed a few pounds.'라는 표현도 자주 쓰이니 알아두면 유용하겠습니다.

[expression plus]

*건강을 유지하다	stay healthy
*~을 습관으로 하다	make it a rule to ~
*몸무게가 늘다	gain weight

055위 어울린 맛과 세련됨이 없이 어수룩한 데가 있을 때

The clothes here are out of style.

A: The clothes here are out of style. They don't suit you.
They make you look like you are in your fifties.

B: Oh yeah? Let's go look for a different store.

*out of style 유행에 뒤떨어진

옷이 촌스러워.

A: 여기 옷들은 촌스러워. 너한테 전혀 안 어울려. 50대 아줌마 같아.

B: 정말 그래? 다른데 가보자.

[해설]

옷이 촌스럽다는 것은 유행에 뒤 떨어졌다는 것입니다. 따라서 'These clothes are out of style.'이라고 하면 '옷이 촌스럽다.'는 말입니다. 'These look dated.'라고 해도 같은 표현으로 dated라는 말이 '구식의(old-fashioned)'라는 뜻입니다. '유행에 뒤떨어진'의 의미를 나타내는 frumpy라는 말을 사용해서 'These are frumpy.'해도 '촌스럽다'는 말입니다.

[expression plus]

*화려한 옷	fancy clothes
*패션에 민감한	sensitive to fashion
*비싼 옷을 살 여유가 있다	can afford to buy expensive clothes
*말끔하게 차려입다	be dressed up

056위 앞이 가리어 사물을 정확하게 보지 못함을 비유적으로 이르는 말

Love is in the eye of the beholder.

A: Emma introduced her boyfriend to me yesterday, but I wasn't impressed.
B: That's why they say "Love is in the eye of the beholder"! It's okay as long as Emma likes him.

*beholder 보는 사람 *as long as ~하는 한

눈에 콩깍지가 씌었나 봐.

A: 어제 엠마가 자기 남친을 소개시켜 줬는데, 내가 딱 봐서는 좀 아니더라.
B: 그래서 눈에 콩깍지가 씌었다는 말이 있는 거지! 엠마만 맘에 들면 그만이지 뭐.

[해설]
사랑에 빠지면 남들이 뭐라 해도 좋게 느껴집니다. 그러면 '눈에 콩깍지가 씌었다.'라고 하는데 영어로는 'Love is in the eye of the beholder.'라고 합니다. 즉, '사랑이란 보는 사람의 눈에 달려있다.'의 뜻이 되겠습니다. 비슷한 표현으로 'She's so wrapped up in him'이라고 하면 '그녀는 그 남자에게 콩깍지가 씌었다.'는 말이 되겠습니다.

[expression plus]

*그대는 나의 모든 것	You mean everything to me.
*사람마다 취향이 있다	To each his(her) own.
*데이트 신청하다	ask her/him out
*퇴짜 맞다	be turned down

057위 행동은 하지 않으면서 말은 청산유수인 사람을 일컬어

He is all talk and no action.

A: Did you hear that Steve was going to invite us to the house warming party next weekend?
B: Don't expect too much. You know he is all talk and no action.

*house warming party 집들이

걔는 입만 살았어.

A: 스티브가 다음 주말에 우리를 자기 집들이에 초대한다는 소리 들었어?
B: 별 기대하지마. 왜냐하면 걔는 입만 살았거든.

[해설]

행동은 하지 않으면서 말은 청산유수인 사람을 일컬어 '입만 살았다'고 합니다. 이때 쓸 수 있는 표현은 'He is all talk and no action.'입니다. 이와 유사한 재미있는 말로는 'He is all bark and no bite.'인데 개가 '짖어 대기만 하고 물지는 않는'것을 빗대어 표현하고 있습니다.

[expression plus]

*말한 것을 꼭 지키는 사람	a man of his word
*달변가, 그럴싸하게 말하는 사람	a glib talker
*말보다 행동이 더 중요하다	Actions speak louder than words.

058위 뻔한 것을 잘못보고 있을 때 비난조로 이르는 말

She must have bad eyesight!

A: I don't know why she likes him. He's not exactly a super model.
B: That's what I was saying. I don't understand either.
She must have bad eyesight!

*eyesight 시력, 시각

눈이 삐었구나!

A: 난 걔가 왜 그런 남자친구를 좋다고 하는지 모르겠어. 그는 잘 생기지도 않았잖아.
B: 그러게. 나도 이해 못하겠어. 눈이 삔거지.

[해설]

너무나도 뻔한 사실을 잘못보고 있을 때 '너 눈이 삐었구나!'라고 합니다. 영어로는 'You must have bad eyesight.'라고 할 수 있겠습니다. 뭔가가 상대방에게 들어가 '너 뭐에 홀렸나보다' 정도의 의미로 '눈이 삐었다'는 표현을 한다면 'I don't know what got into you.'로, 좀 더 다양한 상황에 사용 가능한 표현이 되겠습니다.

[expression plus]

*편견이 없는	unprejudiced
*이상형	ideal person
*장래성이 있는 사람	a person with great potential

059위 노출이 너무 심한 옷을 이르는 말

The outfit is too loud and flashy.

A: Look at this dress. Isn't it pretty?
B: Yes, it is, but isn't it too loud and flashy?
Aren't you worried that people will stare at you?

*stare at 쳐다보다 *loud and flashy 야한

옷이 너무 야하네.

A: 이 원피스 좀 봐. 예쁘지 않니?
B: 그렇긴 한데, 좀 야한 것 같지 않아? 사람들이 쳐다보는 게 두렵지 않아?

[해설]

옷과 같은 것이 '야한'것을 표현할 때 loud and flashy라고 합니다. 따라서 'The outfit is too loud and flashy.'라고 하면 '옷이 너무 야하다'는 말입니다. 또한 뭔가 '번지르르 하고 야한' 것을 나타내는 말로 gaudy가 있습니다. 'The outfit is too gaudy.'라고 해도 '옷이 너무 야하다'는 것을 말하고 있습니다.

[expression plus]

*단정하게 차려입은 neatly dressed
*멋있어 보이다 look fashionable
*기성복의 ready-made
* 맞춤복의 custom-tailored

060위 말씨나 태도 따위가 지나치게 부드러울 때

He only tells you what you want to hear.

A: He says a lot of sweet things to me. He says I'm attractive. Especially when I'm smiling.

B: He only tells you what you want to hear. I guess he says the same thing to all the girls.

갠 듣기 좋은 말만 해.

A: 그는 내게 달콤한 말을 참 많이 해줘. 그리고 내가 정말 매력적이래. 특히 웃을 때.

B: 갠 듣기 좋은 말만 해. 예쁜 여자들한텐 다 같은 소리를 했을 걸?

[해설]

말씨나 태도 따위가 지나치게 부드러울 때 'He only tells you what you want to hear.'라고 하면 말 그대로 '갠 네가 듣고 싶어 하는 말만 해.'라는 말입니다. 간혹 '입에 발린 소리한다.'라고 하는데 'He's just buttering you up.'라는 표현이 되겠습니다. 비슷하게 'He's a sweet-talker.'도 '듣기 좋은 달콤한 말만 하는 사람'의 의미가 됩니다.

[expression plus]

*쓸데없는 말, 헛소리	rubbish
*용기를 주는 말	encouraging words
*위로하는 말	comforting words

061위 - 080위 순위

061위 괜히 폼 잡지 마.

062위 회사에서 메신저를 막아놨어.

063위 오늘 정말 푹 잤어.

064위 어이없다.

065위 걘 꿈같은 소리만 해.

066위 거짓말 같은 거 안 해요.

067위 너 설마 쌩얼이야?

068위 내숭 떨지 마!

069위 기대 된다.

070위 막차 언제야?

071위 땡땡이쳤어.

072위 기분 꿀꿀해.

073위 너나 잘 하세요!

074위 잔소리 좀 그만해!

075위 여기서 드실 건가요? 아니면 포장인가요?

076위 그야 식은 죽 먹기지.

077위 시간 가는 줄 몰랐네.

078위 더 이상 못 참겠어!

079위 나한테 화풀이하지 마.

080위 돈 한 푼도 없어.

061위 Don't act so pretentious.

062위 The company has blocked messengers.

063위 I slept like a log.

064위 This is ridiculous.

065위 He's dreaming.

066위 I'm not lying.

067위 Are you going for the natural look?

068위 Stop acting like you're innocent.

069위 I'm looking forward to it.

070위 When will the subway stop running?

071위 I played hooky today.

072위 I'm feeling down and out.

073위 Mind your own business.

074위 Please, stop nagging me!

075위 For here, or to go?

076위 It's a piece of cake.

077위 I didn't even realize what time it was.

078위 I can't put up with him anymore!

079위 Don't take it out on me.

080위 I don't have a cent.

061위 으쓱거리고 뽐내는 티를 낼 때

Don't act so pretentious.

A: Don't act so pretentious. Do you think you're a model?
B: This is none of your business. Mind your own business.

*pretentious 뽐내는

괜히 폼 잡지 마.

A: 괜히 폼 잡지 마. 네가 모델인줄 알아?
B: 남의 일에 신경 끄고. 너나 잘해라.

[해설]

pretentious는 '뽐내는', '허세 부리는'의 뜻입니다. 따라서 'Don't act so pretentious.'라고 하면 '괜히 폼 잡지 마.'의 뜻이 됩니다. '그는 너무 폼 잡는다'라고 하려면 'He is so pretentious.'라고 하면 됩니다. '진지해져라'의 뜻으로 'Get real!'이 있는데 '폼 잡지말라'는 간접적인 뜻이 됩니다.

[expression plus]

*속물의, 거드름 피우는	snobbish
*과시하는, 화려한	ostentatious
*너 허세 쩐다	You are so full of it.

062위 (회사에서) 메신저를 사용하지 못하도록 차단했을 때

The company has blocked messengers.

A: It would be more convenient to chat on MSN. What's your ID?
B: I can't use any messengers at work. The company has blocked them. It would be faster to call me

*chat 잡담하다

회사에서 메신저를 막아놨어.

A: MSN 으로 얘기하는게 더 편할 것 같은데. 네 주소가 어떻게 되는데?
B: 난 사무실에서 메신저를 할 수가 없어. 회사에서 메신저를 막아놨어. 나한테 전화하는게 더 빠를거야.

[해설]

인터넷 메신저를 통해 사적인 대화를 하는 것을 방지하거나 보안을 위해 많은 회사들이 메신저를 차단합니다. block이라는 말이 바로 '차단하다'를 의미합니다. 따라서 'The company has blocked messengers.'라고 하면 '회사에서 메신저를 막아놨어.'의 의미가 됩니다.

[expression plus]

*소셜네트워킹 사이트 social networking site
*의사소통 communication

063위 달콤한 잠을 잤을 때

I slept like a log.

A: Why didn't you come this afternoon? Did you go home late yesterday?
B: I woke up at 2 p.m. today. I slept like a log.

*log 통나무

오늘 정말 푹 잤어.

A: 왜 오늘 낮에 안 왔어? 어제 늦게 들어갔어?
B: 나 오후 2시에 일어났어. 누가 업어가도 모를 정도로 잤어.

[해설]

잠을 정말 푹 잤을 때 우리는 '업어가도 모를 정도로 잤다'고 하는데 영어에서는 '통나무처럼 잤다'는 표현을 사용합니다. 다시 말해 'I slept like a log.'는 '잠을 푹 잤다.'는 말입니다. 'I had a good night's sleep.'을 써도 마찬가지입니다. '잠 잘 잤어?'하고 물어볼 때는 'Did you have a good night's sleep?'라고 하면 되겠습니다.

[expression plus]

*엎드려 자다 sleep on one's stomach
*잠을 깊게 못자는 사람 a light sleeper
*코를 골다 snore
*이를 갈다 grind one's teeth
*수면 장애 sleep disorder

064위 심정적으로 받아들이기 힘든 상황에 대해

This is ridiculous.

A: Why should I carry all the luggage? This is ridiculous.
B: You are the youngest. Don't complain and just do it.

*luggage 짐 *ridiculous 터무니없는, 말도 안되는

어이없다.

A: 왜 내가 짐 다 들어야 하는데. 어이없다.
B: 네가 제일 젊잖아. 잔말 말고 해.

[해설]

보통 '어이없다'라고 할 때는 심정적으로 받아들이기 힘든 상황을 나타낼 때 사용합니다. 영어로는 '터무니없는'의 뜻을 지닌 ridiculous를 사용하여 'It's ridiculous.'라고 하면 됩니다. 일반적으로 '믿기 힘든 상황의 어이없음'을 나타낼 때는 'This is unbelievable.'이라고 할 수 있습니다.

[expression plus]

*불공평하다 It's not fair.
*기막히게 아름답다 It's breathtaking.
*기가 막혀 말이 안나오네 It's so outrageous I can't say a word.

065위 어떤 사람이 터무니 없는 소리만을 할 때

He's dreaming.

A: He says that he could get a perfect score on the exam because it was too easy.
B: He's dreaming. A perfect score is impossible. You are lucky even if you get 50 in this exam.

*even if 비록 ~한다 해도

걘 꿈같은 소리만 해.

A: 걔는 이번 시험이 쉬워서 만점 받을 것 같다고 말하더라.
B: 걘 꿈같은 소리만 해. 만점은커녕 50점만 받아도 운 좋은 거야.

[해설]

어떤 사람이 터무니없는 허황된 말을 하면 '꿈같은 소리 하네.'라고 합니다. 이때 쓸 수 있는 말은 말 그대로 'He's dreaming.'이라고 하면 됩니다. '너 꿈꾸고 있냐?'라고 할 때는 'Are you dreaming?'이라고 하면 됩니다. '정신 차리고 상황을 직시해!'라고 하고 싶으면 'Wake up and smell the coffee!'라고 하면 됩니다.

[expression plus]

*이게 꿈이야 생시야	Is it a dream or reality?
*꿈을 쫓는 사람	a dream chaser
*비현실적인 꿈	unrealistic dream
*꿈이 이루어지다	dream comes true

066위 진정성을 의심받았을 때

I'm not lying.

A: That's nonsense. There's no way the president made that suggestion to him.
B: You know I'm not lying. If you can't believe it, ask him yourself.

*There's no way~ ~했을 리 없다 *make a suggestion 제안하다

거짓말 같은 거 안 해요.

A: 말도 안 돼. 사장님이 그 사람한테 그런 제안을 하셨을 리가 없어.
B: 난 거짓말 같은 거 안 하는 거 알잖아. 못 믿겠으면 걔한테 직접 물어봐.

[해설]
진정성을 의심받았을 때 '거짓말이 아니다'라고 말할 때, 'I'm not lying.'이라고 하면 됩니다. '내가 거짓말 하지 않는 것 알잖아.'라고 하려면 앞에 You know를 붙여서 'You know I'm not lying.'이라고 하면 되겠습니다. 비슷한 표현으로 'I'm not kidding.'의 '장난하는 것 아니야.'나 'Believe it or not.'의 '믿지 않을지 모르지만'등으로 말할 수 있겠습니다.

[expression plus]

*사실이다	It's true.
*맹세하다, 단언하다	swear
*확인되지 않은 소문, 풍문	groundless rumor

067위 화장 안 한 친구에게

Are you going for the natural look?

A: You look different today. Are you going for the natural look?
B: Well, I couldn't help it.

*cannot help it 어쩔 수 없다

너 설마 쌩얼이야?

A: 오늘 평상시랑 다른데 너 설마 쌩얼이야?
B: 그게 어쩔 수 없었어.

[해설]

화장을 하지 않은 얼굴, 속칭 '쌩얼'은 '원래의 모습' 즉, natural look이라고 할 수 있습니다. 따라서 화장기가 없는 친구에게 '너 쌩얼이야?'라고 물을 때는 'Are you going for the natural look?'이라고 하면 됩니다. 또는 'Did you forget to put on your make-up?'라고 하여 '화장하는 것 잊었어?'라고 간접적으로 표현할 수 있습니다.

[expression plus]

*짙게 화장하다 wear thick (too much) make-up
*화장을 지우다 take off one's make-up
*화장이 뜨다 The make-up doesn't blend in well.

068위 겉으로는 순해 보이나 속으로는 엉큼할 때

Stop acting like you're innocent.

A: I don't understand what you are talking about at all.
B: Stop acting like you're innocent. I know you know about this.

내숭 떨지 마!

A: 난 대체 네가 무슨 말을 하고 있는지 아무것도 모르겠어.
B: 내숭 떨지마. 분명히 알고 있잖아.

[해설]

겉으로는 순해 보이나 속으로는 엉큼할 때 '내숭 떨지마!'라고 말합니다. 영어로는 'Stop acting like you're innocent!'라고 하면 됩니다. innocent는 '순진한', '무지한'의 뜻입니다. 이 외에도 '~인체 하다'의 pretend를 써서 'Don't pretend!'라고 하거나 주로 여성에게 사용하는 '부끄러운 체하는'의 coy를 사용하여 'Stop being so coy.'라고 해도 비슷한 뜻이 됩니다.

[expression plus]

*그만 좀 해	Cut it out!
*오해하지 마	Don't get me wrong.
*누가 그래?	Who told you about that?

069위 어떤 일을 앞두고 설레는 마음을 나타낼 때

I'm looking forward to it.

A: You know there's a special lecture tomorrow.
B: Yeah, I'm looking forward to it.
I've heard great things about the speaker.

*look forward to ~을 기대하다

기대 된다.

A: 내일 특별강연 있는 것 알지?
B: 그래. 정말 기대 된다. 강사분에 대해서 훌륭한 소리 많이 들었어.

[해설]
어떤 일을 앞두고 기대하며 설레는 마음을 나타낼 때 look forward to를 쓸 수 있습니다. 따라서 '기대 된다'고 할 때는 'I'm looking forward to it.'이라고 하면 됩니다. 주의 할 점은 전치사 to 다음에 명사 혹은 동명사가 와야 한다는 점입니다. 즉 '다시 만나 뵙기를 원합니다'라고 할 때는 'I'm looking forward to seeing you again.'이라고 합니다.

[expression plus]
*기다릴 수 없을 정도야 I can't wait.
*보기를 열망하다 be eager to see something (someone)
*날짜를 손꼽다 count down the days

070위 마지막으로 운행되는 지하철 시간을 알고 싶을 때

When will the subway stop running?

A: When will the subway stop running?
B: It stopped running already. Sleep at my house tonight.

*stop v-ing ~하기를 멈추다

막차 언제야?

A: 막차 언제야?
B: 벌써 끝났어. 오늘은 우리 집에서 자고 가.

[해설]
지하철이나 버스의 '막차가 언제냐'고 물을 때는 'When will the subway stop running?'이라고 하면 됩니다. 즉 차가 끊기는 시간으로 막차가 언제냐는 것을 물을 수 있습니다. 말 그대로 last train을 사용하여 'When is the last train?'라고 표현해도 같은 뜻입니다.

[expression plus]
*닫다, 마감하다 shut down
*열차 운행 시간표 train time table
*시간을 지키는 punctual

071위 수업이나 강의를 이유 없이 빼먹었을 때

I played hooky today.

A: What? Aren't you supposed to go to the Hakwon today? What happened this time?
B: I played hooky because I felt it's boring.

*be supposed to ~하기로 되어있다 *play hooky 농땡이 부리다

땡땡이쳤어.

A: 어? 오늘 학원가 있어야 하는 것 아니야? 뭔 일이야?
B: 지겨워서 땡땡이쳤어.

[해설]
수업이나 강의를 농땡이 부리며 빼먹는 것을 play hooky라고 합니다. 따라서 'I played hooky today.'라고 하면 '오늘 땡땡이쳤다'는 말입니다. 이것을 문자 그대로 표현해서 'I cut class today.'라고 해도 같은 뜻입니다.

[expression plus]

*슬그머니 들어오다 / 빠져나가다	sneak in / sneak out
*농땡이 부리다	be idle , be lazy
*너무 바빠 농땡이 칠 시간이 없는	too busy to be idle

072위 기분이 몹시 우울할 때

I'm feeling down and out.

A: What's wrong with you? Did anything happen to you?
B: I failed the exam. I'm feeling down and out.

기분 꿀꿀해.

A: 너 왜 이래? 무슨 일이 생겼어?
B: 시험에 떨어졌어. 기분이 꿀꿀해.

[해설]

기분이 몹시 우울할 때 보통 '기분이 꿀꿀하다.'고 말하는데 이때는 'I'm feeling down and out.'이라고 하면 됩니다. 여기서 down and out은 '몹시 지친' 또는 '쇄약해진' 상태를 나타내는 말입니다. '우울한'을 나타내는 depressed를 써서 'I feel depressed.'라고 해도 우울한 기분을 표현할 수 있습니다.

[expression plus]

*감정	emotion
*우울, 우울증	depression
*만성적 스트레스, 신경의 쇄약	burnout
*몹시 신경과민이다	be all nerves

073위 남이 쓸데없이 나의 일에 간섭할 때

Mind your own business.

A: It is not supposed to be done like this. There will be more problems later.

B: Mind your own business. Is it your hobby to butt in?

*butt in 간섭하다, 참견하다

너나 잘 하세요!

A: 이렇게 하면 안 돼. 나중에 문제가 더 많아질 거야.

B: 너나 잘 하세요. 남의 일에 간섭하는 게 취미예요?

[해설]

다른 사람이 쓸데없이 나의 일에 간섭할 때 '네 일에나 신경 써라'고 말합니다. 다시 말해 '너나 잘 하세요!'라고 말하고 싶을 때 'Mind your own business!'라고 하면 됩니다. 여기서 mind는 동사로 '신경 쓰다'의 의미로 사용되었습니다. 'That's none of your business.'라고 해도 같은 뜻인데, '네 일이 아니니 참견 말아라.'의 의미가 되겠습니다.

[expression plus]

*말참견하는 녀석 (속어)	butt-in
*참견해서 미안합니다만	Excuse my butting in.
*오지랖 넓은 사람	buttinsky
*간섭하다	interfere

074위 필요 이상으로 듣기 싫게 꾸짖거나 참견하여 지겨울 때

Please, stop nagging me!

A: Please, stop nagging me! I've heard it a thousand times.
B: This is all for you. If you wait until it's too late, you'll regret it.

*regret 후회하다

잔소리 좀 그만해!

A: 잔소리 좀 그만해. 내 귀에 못이 박히겠어.
B: 다 널 위해 그러는 거다. 나중에 후회해봤자 소용없다구.

[해설]
필요 이상으로 듣기 싫게 꾸짖거나 참견하여 지겨울 때 '잔소리 좀 그만해!'라고 말합니다. 영어로는 'Please, stop nagging me!'라고 할 수 있습니다. 여기서 nag는 '잔소리하다', '바가지 긁다'의 의미입니다. '괴롭히다'의 의미인 bug를 써서 'Stop bugging me about it.'이라고 해도 '귀찮게 잔소리 하지 말라!'는 의미가 됩니다.

[expression plus]

*잔소리 심한 아내	nagging wife
*꾸짖다, 잔소리하다	scold
*비난하다, 꾸짖다	rebuke

075위 식당에서 주문한 음식의 포장 여부를 물을 때

For here, or to go?

A: For here or to go?
B: To go. Give me a doggy bag please.

*a doggy bag 남은 음식을 가지고 갈 수 있는 봉지

여기서 드실 건가요? 아니면 포장인가요?

A: 여기서 드실 건가요? 아니면 포장인가요?
B: 가져갈게요. 싸갈 수 있는 봉지하나 주세요.

[해설]

식당에서 주문한 음식을 가져갈 것인지 물을 때 'For here, or to go?'라고 합니다. 'Is this order for here, or is it to go?'의 줄임말이 되겠습니다. 만약 'For here.'라고 하면 '여기서 먹겠다.'의 뜻이고 'To go.'라고 대답하면 '싸가지고 가겠다.'가 됩니다. 'Is this take out?'도 '음식을 포장해 가져갈 것인가요?'의 질문입니다.

[expression plus]

*남은 음식	leftovers
*남은 것(음식)을 가져가다	take the leftovers home
*주문하다 / 주문받다	order / take order
*포장하다	wrap up

076위 어떤 일을 잘 할 수 있다는 강한 자신감을 나타낼 때

It's a piece of cake.

A: You went shopping all day yesterday and you've got to work today. Are you okay?
B: It's a piece of cake. I have a good stamina.

*stamina 체력

그야 식은 죽 먹기지.

A: 어제 하루 종일 쇼핑하고 오늘은 일해야 되는데 괜찮아?
B: 그야 식은 죽 먹기지. 난 체력이 너무 좋거든.

[해설]
어떤 일을 잘 할 수 있다는 강한 자신감을 나타낼 때 'It's a piece of cake.'라고 합니다. 우리말로는 '그건 식은 죽 먹기다.'의 의미입니다. 'It's no problem.'이나 'It's as easy as pie.' 라고 해도 같은 의미입니다. 또 어떤 일을 매우 잘 할 때 '눈 감고도 할 수 있어.'라고 하는데 말 그대로 'I can do it with my eyes closed.'라고 하면 되겠습니다.

[expression plus]

*(일이) 힘든, 벅찬 demanding
*장난이 아니다, 쉽지 않다 It's not a picnic.
*그녀의 일을 도와주다 help her with her work

077위 어떤 일에 집중해서 시간이 흐름을 몰랐을 때

I didn't even realize what time it was.

A: Hey, it's 7 p.m. already. What are you still doing here?
Don't you want to go home?

B: I was so absorbed in work I didn't even realize what time it was.

*realize 인식하다 *absorbed 몰두한

시간 가는 줄 몰랐네.

A: 벌써 19시야. 아직 여기서 뭐해? 퇴근안해?

B: 너무 일에 집중 하느라, 시간가는 줄 몰랐네.

[해설]

'I didn't even realize what time it was.'라는 표현은 어떤 일에 집중한 나머지 시간이 흘러간 것을 미처 몰랐을 때 쓸 수 있는 표현으로 '시간 가는 줄 몰랐네.'의 의미입니다. 유사한 표현으로 'I lost track of time.'이 있습니다. track은 어떤 것의 '경로'를 말하는데 '시간이 흘러가는 경로'를 인식하지 못할 정도로 시간가는 줄 몰랐다는 것을 의미합니다.

[expression plus]

*상대적인	relative
*시간이 빨리 가다	Time flies.
*서두르는, 급한	in a hurry
*꾸물거릴 시간이 없다	There's no time to lose.

078위 더 이상 참을 수 없을 지경에 이르렀을 때

I can't put up with him anymore!

A: You see, there is a problem because of Mike again.
He made another mistake in accounting.

B: I can't put up with him anymore! I may have to find a reason to fire him.

*make a mistake 실수하다 *fire 해고하다

더 이상 못 참겠어!

A: 있잖아, 마이크 때문에 문제가 좀 생겼어. 또 계산(회계)실수를 했거든

B: 아 정말 더 이상 참을 수가 없군. 그를 해고시킬 구실을 찾던지 해야지 원.

[해설]

'어떤 것을 참다'는 put up with을 사용합니다. 따라서 'I can't put up with him anymore!'라고 하면 '걔를 더 이상 못 참겠어!'라는 말이 됩니다. put up with대신에 '참다, 견디다'를 의미하는 stand를 써도 동일한 의미가 되어 'I can't stand him anymore!'라고 해도 됩니다. 여기서 him대신 it을 쓰면 '그것을 못 참겠다.'가 됩니다.

[expression plus]

*그를 믿다, 신뢰하다	count on him
*인내하는 / 조급한	patient / impatient
*고통을 견디다	endure pains
*무책임한	irresponsible

079위 상대방이 화난 감정을 나한테 풀 때

Don't take it out on me.

A: You are so foolish!
B: You're angry, but don't take it out on me.

나한테 화풀이하지 마.

A: 너도 정말 어리석다!
B: 네가 기분이 안 좋다고, 나한테 화풀이하지 마.

[해설]

상대방이 화난 감정을 나에게 풀 때 쓸 수 있는 말로는 'Don't take your anger out on me.'로 '나한테 화풀이 하지 마.'라는 뜻입니다. take out은 '끄집어내다', '발산하다'의 의미가 되겠습니다. 일반적으로 '화내지 마'라고 할 때는 'Please don't lose your temper.' 또는 'Don't be mad at me.'라고 할 수 있습니다.

[expression plus]

*화나다	be upset
*우울하다	have a long face
*분통을 터뜨리다	hit the ceiling
*진정하다	calm down / take it easy

080위 수중에 돈이 없을 때

I don't have a cent.

A: You look like you've been struggling financially since the bankruptcy.
B: Yeah, I don't have a cent. Not even enough money for a meal.

*bankruptcy 파산　　*struggle 힘들어하다

돈 한 푼도 없어.

A: 파산하고 나서, 너 너무 힘들어 보인다.
B: 응, 난 돈 한 푼도 없어, 밥값도 없을 정도야.

[해설]

수중에 돈이 한 푼도 없을 때 'I don't have a cent.'라고 할 수 있습니다. 일반적으로 돈이 없을 때 쓰는 'I don't have any money.'보다 좀 더 절박한 느낌을 줍니다. '돈 좀 빌려줄래?'라고 요청할 때는 'Can you lend me some money?'라고 하면 됩니다.

[expression plus]

*돈을 빌리다　borrow money
*돈을 빌려주다　lend money
*재정 문제　financial problem
*파산하다　go bankrupt

081위 - 100위 순위

081위 세상에 공짜는 없어.

082위 어제 필름이 끊겼어.

083위 너 삐쳤니?

084위 그는 앞뒤가 꽉 막혔어.

085위 왜 만날 그 모양이니?

086위 좋은 사람 있으면 소개 시켜 줘.

087위 카드로 하시겠습니까, 현금으로 하시겠습니까?

088위 마음대로 해.

089위 입에 침이나 바르고 거짓말해라.

090위 생각이 날 듯 말 듯 해.

091위 넌 정말 까다로워.

092위 이 집에서 잘하는 게 뭐죠?

093위 스트레스 어떻게 푸세요?

094위 개 양다리 걸쳤어.

095위 분위기 깨지 마!

096위 분담해서 내자.

097위 그냥 둘러보는 거예요.

098위 무료 서비스입니다.

099위 너무 바빠서 정신이 하나도 없어.

100위 신세를 졌네요.

081위 There is no such thing as a free lunch.

082위 I drank too much and blacked out.

083위 Are you upset?

084위 He has tunnel vision.

085위 Why are you like that all the time?

086위 If you find someone nice, introduce him to me.

087위 Would you like to pay by credit card or in cash?

088위 Have it your way.

089위 You're lying and it shows.

090위 It's on the tip of my tongue.

091위 You are so picky.

092위 What's the house specialty?

093위 How do you relieve your stress?

094위 She is cheating on her boyfriend.

095위 Don't be such a wet blanket!

096위 Let's go Dutch.

097위 I'm just looking around.

098위 It's complementary.

099위 It's been a hectic day for me.

100위 I owe you so much for your hospitality.

081위 힘이나 돈을 들이지 않고 거저 얻은 것은 없음을 인지시킬 때

There is no such thing as a free lunch.

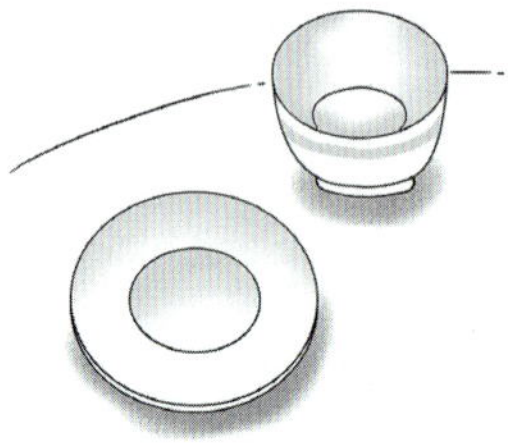

A: Would you like to come with me to a concert tonight?
B: Sure. Is it free?
A: Of course not. There is no such thing as a free lunch.

세상에 공짜는 없어.

A: 오늘 콘서트 보러 같이 갈래?
B: 좋아. 무료야?
A: 물론 아니지. 세상에 공짜는 없다구.

[해설]

모든 일에는 대가가 따르기 마련입니다. 공짜의 대명사는 얻어먹는 식사 즉 free lunch입니다. 따라서 'There is no such thing as a free lunch.'는 '세상에 공짜는 없다.'는 말입니다. 'You know, nothing is free in this world.'도 같은 뜻입니다. 공짜경품을 나타내는 freebee를 사용한 'Don't expect a freebee.'는 '공짜 기대하지 마.'의 뜻입니다.

[expression plus]

*그림의 떡	pie in the sky
*내가 쏠게	It's my treat.
*무료 초대권	a freebee card

082위 술을 너무 많이 마셔서 기억이 나지 않을 때

I drank too much and blacked out.

A: What did you do last night? I called you but you didn't answer.
B: I drank too much and blacked out yesterday.
I don't remember how I got home.

*black out 의식을 잃다

어제 필름이 끊겼어.

A: 어제 저녁에 뭐했어? 전화 했었는데 안 받더라.
B: 나 어제 술 마시고 필름이 끊겼어. 집에 어떻게 들어왔는지도 모르겠어.

[해설]

술을 많이 마시는 것은 drink too much이고 '필름이 끊기다'는 black out입니다. 따라서 'I drank too much and blacked out.'은 '술을 많이 마셔 필름이 끊겼어.'입니다. '의식을 잃다'의 pass out을 써서 'I got drunk and passed out.'이라고 해도 같은 뜻입니다.

[expression plus]

*술이 오르다	get tipsy
*술이 깨다	get sober
*절대 금주주의자	teetotaler
*한잔 합시다	Let's have a drink.

083위 상대방이 성이 나서 토라져 있음을 물을 때

Are you upset?

A: Are you upset? Sorry, I didn't mean to offend you.
B: If you say that again, I won't put up with it.

*offend 화나게 하다

너 삐쳤니?

A: 너 삐쳤니? 용서해 줘. 화나게 하려고 한 게 아니야.
B: 너 다음에도 또 그 말하면 가만 안 둘 줄 알아.

[해설]
'Are you upset?'은 경우에 따라서 '너 화났니?'도 되지만 성나서 토라진 경우의 '너 삐쳤니?'의 의미로도 사용될 수 있습니다. 토라진 상태를 나타내는 단어로 sulky가 있는데 상대방에 대한 질문으로는 사용하지 않고 'He became sulky.'의 '그는 삐쳤어.'처럼 제 3자의 감정 상태를 묘사할 때 주로 사용합니다.

[expression plus]

*기분 나쁘게 하다	bother
*비난하다	blame
*반성하다	reflect on
*참는 것도 한도가 있다	There is a limit to patience.

084위 생각이나 행동 따위가 융통성이 없어 답답함을 느낄 때

He has tunnel vision.

A: He has tunnel vision. Don't try to persuade him.
B: You're right. Actually, I tried to persuade him many times but nothing worked.

*tunnel vision 시야가 좁음 *persuade 설득하다

그는 앞뒤가 꽉 막혔어.

A: 그는 앞뒤가 꽉 막혔어. 설득하려고 하는 생각은 포기해.
B: 응, 내가 해 봤는데 정말 입이 닳도록 설득했는데 역시 실패했어.

[해설]

좁은 터널을 통해 사물을 바라보면 고지식해지고 융통성이 없을 것입니다. 이런 경우 'He has tunnel vision.'이라고 할 수 있는데 '앞뒤가 꽉 막혔다'는 말이 됩니다. 말의 곁눈 가리개인 blinders를 사용하여 'He's wearing blinders.'라고 해도 같은 의미입니다. 이외에도 'He has a one-track mind.'라는 동일한 표현도 알아두면 유용합니다.

[expression plus]

*한 가지 생각에 사로잡힌 obsessed
*융통성이 있는 성격 flexible personality
*개방적인, 열린 마음의 open-minded
*감정적인 emotional

085위 어떠한 형편이나 꼴이 마음에 들지 않을 때

Why are you like that all the time?

A: I had a fight with Scott again.
It's because he said that he wanted to break up with me.

B: Why are you like that all the time? Can you just live quietly without fighting?

*break up 헤어지다

왜 만날 그 모양이니?

A: 난 또 스캇하고 싸웠어. 걔가 헤어지자고 했거든.

B: 왜 만날 그 모양이니? 너희들 좀 조용히 살 수 없니?

[해설]

'Why are you like that all the time?' 어떤 형편이나 꼴이 마음에 들지 않을 때 쓸 수 있는 표현입니다. 'Why do you always do that?'도 같은 말입니다. 예문의 경우 'Why are you always at each other's throats?'라고도 할 수 있는데 be at each other's throats는 '서로 으르렁 거리다'의 뜻으로 '왜 항상 그 모양으로 서로 으르렁 거리냐?'입니다.

[expression plus]

*정신 차려!	Come to your self!
*내 그럴 줄 알았다	I knew that was going to happen.
*정이 들다	grow fond of each other

086위 괜찮은 사람을 소개 받고자 원할 때

If you find someone nice, introduce him to me.

A: I'm going on a blind group date now. I hope I can meet some nice guys there.
B: Really? If you find someone nice, introduce him to me.

*a blind group date 그룹 소개팅

좋은 사람 있으면 소개 시켜 줘.

A: 난 소개팅에 가는 중이야. 멋진 남자들 좀 있었으면 좋겠다.
B: 진짜? 괜찮은 사람 있으면 소개 시켜줘.

[해설]

좋은 사람을 소개 받고자 할 때 '좋은 사람 있으면 소개 시켜 줘.'라고 부탁합니다. 이때 '좋은 사람 있으면'은 If you find some nice로 표현하면 됩니다. 또 '어떤 사람을 누구에게 소개 시켜 주다'는 introduce A to B의 패턴을 사용하면 됩니다.

[expression plus]

*결혼 중매인 matchmaker
*그녀와 소개팅 시켜줘! Set me up with her!
*사귀는 사람이 있어요? Are you seeing someone?

087위 결재 수단에 대해 물을 때

Would you like to pay by credit card or in cash?

A: Would you like to pay by credit card or in cash?
B: I will pay by credit card.

카드로 하시겠습니까, 현금으로 하시겠습니까?

A: 카드로 하시겠습니까, 현금으로 하시겠습니까?
B: 저는 카드로 하겠습니다.

[해설]
상점 등에서 카드로 결재할 것인지 현금으로 결재할 것인지를 물을 때 'Would you like to pay by credit card or in cash?'라고 합니다. 이때 카드인 경우 by credit card로 전치사 by가 사용되고 현금인 경우 in cash로 전치사 in이 사용되는 것에 주의하시기 바랍니다. 결재 수단을 물을 때 'Will that be cash or credit?'라고 해도 동일한 표현입니다.

[expression plus]

*가격차이	difference in price
*살 여력이 있다	can afford to buy something
*소매가격	retail price
*현금 지불시 할인 제공	offer a discount for cash

088위 아무리 조언해 주어도 받아들이지 않는 친구에게 자포자기의 심정으로

Have it your way.

A: Okay. Have it your way. I don't care where it goes anymore.
B: Why are you so upset about it? Just take it easy.

*upset 화난

마음대로 해.

A: 알았어. 마음대로 해. 난 더 이상 어떻게 되든 상관 안할테니까.
B: 왜 그렇게 화내는 거야. 마음 풀어.

[해설]

여러 번 조언을 해도 듣지 않는 친구에게 '마음대로 해'라고 말할 때는 'Have it your way.'라고 하면 됩니다. 즉 '네 방식대로 하라'는 말이 됩니다. 이것은 부정적인 의미로 '내가 졌다'라는 의미가 담겨 있으므로 'I give in.'이라고 해도 우회적으로 네 맘대로 하라는 말을 표현할 수 있습니다.

[expression plus]

*편한 대로 하세요	Do whatever you want.
*왜 내말 씹는 거야?	Why are you ignoring me?
*내 말 좀 들어봐	Please, listen to me.

089위 사실이 아닌 것을 사실인 것처럼 꾸며대어 말함을 질책할 때

You're lying and it shows.

A: I don't trust you. You're lying and it shows.
B: Me? I always tell the truth. You just don't understand.

입에 침이나 바르고 거짓말해라.

A: 너라는 사람은 정말 미덥지 않아, 입에 침이나 바르고 거짓말해라.
B: 내가 어디? 난 항상 바른 말만 하거든, 네가 내 말을 잘못 이해하는 거야

[해설]

'You're lying and it shows.'라고 말하면 '거짓말 하는 것이 다 드러나 보인다'고 말하는 것입니다. 'Stop lying.' 또는 'Don't tell a lie.'라고 해도 동일한 의미를 전달합니다. '(거짓말 하는) 네 속이 다 보이다.'의 의미로 'I can see right through you.'도 거짓말 하지 말라는 의미를 나타내는 표현이니 알아두도록 합시다.

[expression plus]

*은폐하다, 감추다 cover up / hide
*시치미 떼다 play innocent
*솔직히 말하면 Frankly speaking…
*양심에 맡기다 leave it to one's conscience

090위 말하고자 하는 대상의 단어 명칭 등 적절한 표현이 생각이 날 듯 말 듯 할 때

It's on the tip of my tongue.

A: Where's Eric's hometown?
B: Well, let's see. I can't remember it suddenly.
It's on the tip of my tongue…

*tongue 혀

생각이 날 듯 말 듯 해.

A: 에릭의 고향이 어디더라?
B: 아, 이런. 갑자기 생각이 안 나네. 생각이 날 듯 말 듯해.

[해설]

어떤 말이 생각 날 듯 말 듯 혀 끝에서 맴돌 때 'It's on the tip of my tongue.'라고 합니다. 달리 표현하면 말 그대로 'I know what it is, but I can't think of the word.'가 되겠습니다. 그러다가 갑자기 생각나면 'I got it!' 라고 하고 원래 대답 하려던 말을 하면 되겠습니다.

[expression plus]

*기억을 더듬다 retrace one's memory
*어디보자… Let me see…
*생각이 떠오르다 cross one's mind

091위 식성이나 취향 등을 맞추기 어려울 때

You are so picky.

A: I don't eat vegetables. I only eat beef.
B: You are so picky.

넌 정말 까다로워.

A: 난 야채는 안 먹어, 쇠고기만 먹어.
B: 넌 정말 까다로워.

[해설]

식성이나 취향 등을 맞추기 어려울 때 '까다로운'의 뜻을 가진 picky라는 단어를 사용할 수 있습니다. 그래서 'You are so picky.'라고 하면 '너 정말 까다롭다'는 뜻입니다. '너무 까다롭게 굴지 마'라고 하려면 'Don't be so picky.'라고 하면 됩니다. '그녀는 음식에 대해 까다롭다'라고 하려면 'She's so picky about food.'라고 할 수 있습니다.

[expression plus]

*옷에 대해 까다로운	fussy about clothes
*성격 등이 원만한	easygoing
*완고한	stubborn, obstinate
*관용적인	tolerant

092위 식당에서 잘하는 요리를 물을 때

What's the house specialty?

A: Do you have any recommendations for us?
What's the house specialty?

B: Everyone says the seafood pasta is outstanding. Let's try it.

*speciality 특별히 잘하는 것 *outstanding 탁월한

이 집에서 잘하는 게 뭐죠?

A: 우리한테 추천해 줄 만한 음식 있나요? 이 집에서 잘 하는게 뭐죠?

B: 이 집은 해산물 파스타가 정말 맛있던데, 우리 그걸로 해요.

[해설]

식당에 가면 그 식당에서 잘하는 요리를 물어봅니다. 이때 house speciality라는 표현을 사용하면 됩니다. 여기서 house는 해당 식당을 의미하고 speciality는 그 식당이 특별히 잘하는 것을 의미합니다. 따라서 'What's the house speciality?'라고 하면 '이 집에서 잘하는 게 뭐죠?'라는 말입니다.

[expression plus]

*예약하다	make a reservation
*메뉴를 살펴보다	study the menu
*정식, 만찬	table d'hôte [táːbəl dóut]
*요리사 추천요리	chef's special

093위 스트레스 해소법을 물을 때

How do you relieve your stress?

A: How do you get rid of stress? Do you have a special method?
B: Well, there's nothing special. I exercise every morning.
Do you want to do it together someday?

*method 방법, 방식

스트레스 어떻게 푸세요?

A: 스트레스 어떻게 푸세요? 좋은 방법은 있으세요?
B: 별거 없어요, 난 아침마다 운동을 좀 하거든요, 다음에 같이 갈래요?

[해설]

상대방에게 스트레스 해소법을 물을 때는 '해소하다'라는 뜻을 relieve라는 단어를 사용할 수 있습니다. 즉, 'How do you relieve your stress?'라고 하면 어떻게 스트레스를 해소하는지 묻는 표현입니다. 또는 '긴장을 풀다'의 unwind라는 단어를 사용해서 'How do you unwind after work?'라고하면 '퇴근 후 어떻게 긴장을 푸세요?'라는 말입니다.

[expression plus]

*긴장하다 become tense
*긴장을 풀다 relax / loosen up
*스트레스가 많다 have a lot of stress

094위 양쪽에서 이익을 보려고 두 편에 다 관계를 가짐을 알았을 때

She is cheating on her boyfriend.

A: Did you know Sara is dating two men?
B: So she is cheating on her boyfriend. I guess he'll find out soon.

걔 양다리 걸쳤어.

A: 사라가 두 남자랑 사귀고 있는 거 알아?
B: 걔 양다리 걸쳤구나. 아마 오래 가지 못하고, 탄로날 거야.

[해설]

양다리를 걸쳐 사귀는 경우 'cheat on+사람'을 쓰는데 '그 사람에 대해 부정행위를 하다' '바람 피우다'의 뜻입니다. 따라서 'She is cheating on her boyfriend.'라고 하면 첫 번째 사귀던 남자 친구 외에 또 다른 남자를 양다리 걸쳐 만나는 것을 말합니다. 'She's seeing someone on the side.'라고 해도 동일한 의미가 됩니다.

[expression plus]

*집까지 바래다주다	see somebody home
*~와 데이트하다	go out with somebody
*~에게 데이트 신청하다	ask somebody out

095위 기분 좋은 분위기를 놓치기 싫을 때

Don't be such a wet blanket!

A: It's midnight already! I have to go.
B: Don't be such a wet blanket!
You can stay with us at least one or two more hours.

*a wet blanket 분위기 깨는 사람

분위기 깨지 마!

A: 벌써 자정이잖아! 나 이제 가야 돼.
B: 분위기 깨지 마! 한 두 시간은 더 있을 수 있잖아.

[해설]
좋은 분위기를 깨는 사람을 a wet blanket이라고 합니다. 따라서 'Don't be such a wet blanket!'은 '분위기 깨지 마!'라는 말입니다. a party pooper도 '흥을 깨는 사람'으로 'Don't be a party pooper.'도 같은 의미가 됩니다. 또 killjoy라는 말도 있는데 말 그대로 즐거움(joy)를 죽이는(kill)사람으로 '너 정말 분위기 깬다.'라고 하려면 'You're such a killjoy.'라고 하면 됩니다.

[tip]
옛날 미국 인디언들은 밤새 피워놓은 캠프파이어를 끌 때 '젖은 담요(a wet blanket)'를 덮었다고 합니다. 여기서 유래하여 a wet blanket이 '분위기 깨는 사람'의 의미가 되었다고 합니다.

[expression plus]
*분위기 atmosphere
*흥취를 더하다 spice up

096위 식비 따위를 갹출해서 내고자 원할 때

Let's go Dutch.

A: Let me treat you to lunch today.
B: It's too expensive to do that. Let's go Dutch.

분담해서 내자.

A: 오늘 내가 낼게
B: 그러기엔 너무 비싼 것 같은데. 분담해서 내자.

[해설]

'분담해서 내자.'의 'Let's go Dutch'에서 왜 Dutch를 쓰는지에 몇 가지 설이 있네요. 하나는 네덜란드 사람들이 자신이 먹은 음식 값을 각자 내는 문화가 있었기 때문이라고 합니다. 식비 따위를 분담해서 낼 때 쓸 수 있는 다른 표현으로는 'Let's split the bill.'이 있습니다. 여기서 bill은 '계산서'이고 split이 '쪼개다'이니 말 그대로 '나누어 내자'입니다.

[expression plus]

* 저녁은 내가 쏠게 Dinner is on me.

097위 별다른 목적 없이 구경할 때

I'm just looking around.

A: Sir, these jeans seem like they would fit you well.
Why don't you try them on?

B: No thanks. I'm just looking around.

*try on 입어보다

그냥 둘러보는 거예요.

A: 손님, 이 바지 정말 잘 어울리실 것 같은데, 한번 입어보세요.

B: 아니에요, 전 그냥 둘러보는 거예요.

[해설]

상점에 가서 별다른 목적 없이 구경할 때 'look around'를 쓰면 됩니다. 'I'm just looking around.'는 '그냥 둘러보는 거예요.'의 뜻입니다. '둘러보다'를 나타내는 한 단어 browse를 써서 'I'm just browsing.'이라고 해도 같은 뜻입니다. 쇼핑몰 등에서 친구가 물건을 사자고 할 때, '글쎄, 난 그냥 둘러보기만 할 거야.'라고 하려면 'Well, I will just browse around.'라고 말하면 됩니다.

[expression plus]

*~물건을 찾다	look for
*물건을 취급하다, 팔다	carry
*재고가 없는, 품절된	out of stock
*상품을 보러 다니다	shop around

098위 무료로 제공되는 서비스임을 알릴 때

It's complementary.

A: We prepared roses for Valentine's day today.
They're complementary.
B: Really? They are so beautiful! Thanks a lot.

*complementary 보완하는, (구입품 등에 대해) 무료로 제공되는

무료 서비스입니다.

A: 오늘 발렌타인데이를 위해 특별히 장미꽃을 준비했습니다. 무료 서비스입니다.
B: 정말요? 너무 예쁘다! 고맙습니다.

[해설]

어떤 것이 무료로 제공될 때 complementary를 사용할 수 있습니다. 원래 의미는 '보완하는' 인데 구입한 물건에 대해 덤, 또는 추가로 제공하는 무료 서비스를 의미하기도 합니다. 이런 추가로 제공하는 무료가 아니고 처음부터 완전 무료이면 free를 쓰면 됩니다. 즉, 'It's free of charge.'하면 무료라는 뜻입니다.

[expression plus]

*무료 제공 음료 complementary drinks
*서비스의 질 quality of the service
*친근한 분위기 friendly atmosphere

099위 정신없이 바쁠 때

It's been a hectic day for me.

A: Why are you running around like a chicken with its head cut off?

B: It's been a hectic day for me.

*hectic 열광적인, 매우 바쁜

너무 바빠서 정신이 하나도 없어.

A: 왜 그렇게 허둥지둥하니?

B: 너무 바빠서 정신이 하나도 없어.

[해설]

정신없이 바쁜 경우 hectic이라는 단어를 사용할 수 있는데 '열광적인' 또는 '매우 바쁜' 상황을 묘사합니다. 따라서 정신없이 매우 바빴던 날을 말할 때 'It's been a hectic day for me.'라고 하면 됩니다. 'It's been a crazy day.'도 유사한 표현으로 '미친 날'일 정도로 바쁘고 정신없던 날을 말합니다.

[expression plus]

*~하기에 바쁘다	be busy doing
*한가한 때	leisure hours
*잊지 못할 날	unforgettable day

100위 다른 사람에게 도움을 받거나 폐를 끼쳤을 때

I owe you so much for your hospitality.

A: Your help was invaluable this time.
I owe you so much for your hospitality.
B: You would have helped me if I had been in that situation.

*invaluable 매우 귀중한 *hospitality 환대

신세를 졌네요.

A: 이번에는 정말 큰 도움이 됐네요, 신세를 졌네요.
B: 당신도 내가 그런 처지였다면 도와주셨을 거예요.

[해설]

유명한 팝송 가사에도 'I owe you.'라는 말이 나옵니다. 이는 '난 당신에게 빚졌다'는 말인데요, 상대방이 나에게 친절을 베풀어 그 사람에게 '신세를 진' 경우에 쓸 수 있습니다. 즉, 이 경우 'I owe you so much for your hospitality.'라고 말할 수 있습니다. 좀 더 쉽게 표현하자면, 'You've been so kind. Thanks.' 정도가 되겠습니다.

[expression plus]

*이번 일로 신세졌어 I owe you for this.
*신세 꼭 갚을게 I'll make it up to you.
*어떻게 감사드릴지 모르겠습니다. I can't thank you enough.

101위 - 120위 순위

101위 깜빡 잊었어.

102위 는 돈 탈탈 털어서 샀어.

103위 피부가 장난이 아닌데!

104위 괜한 걱정했네요.

105위 바겐세일을 하고 있어요.

106위 지금 전화 받기 곤란해.

107위 여기 그런 분 안 계신데요.(전화)

108위 난 음치야.

109위 정말로 입맛이 당기지 않네요. (밥 맛 떨어지다)

110위 왜 그렇게 다운됐어?

111위 내게 그런 핑계대지 마.

112위 우리 뭐 시켜먹을까?

113위 운이 좋군!

114위 말해봤자 소용없어, 시간낭비야!

115위 싼 게 비지떡

116위 옷이 날개다.

117위 센스가 없어.

118위 일부러 관심 없는 척 튕겨보는 거겠지.

119위 아직 이상형을 찾는 중이야.

120위 맛이 아주 좋아.

101위 It slipped my mind.

102위 I broke the bank to get this.

103위 You have very nice skin!

104위 I shouldn't have worried so much.

105위 There's a sale.

106위 I can't talk on the phone right now.

107위 We don't have anyone by that name.

108위 I am tone-deaf.

109위 I just lost my appetite.

110위 Why are you so crestfallen?

111위 Stop making excuses.

112위 Shall we order something in?

113위 You got a lucky break!

114위 It is no use talking to him. It's just waste of time.

115위 You get what you pay for.

116위 The clothes make the man.

117위 You need some common sense.

118위 Maybe she's playing hard-to-get.

119위 I'm still searching for Ms. Right/Mr. Right.

120위 It's delicious!

101위 기억해 두어야 할 것을 한 순간 미처 생각하여 내지 못했을 때

It slipped my mind.

A: How come you came back so early? Did you drop by the drug-store?

B: Oops, it slipped my mind.

*drop by 들리다 *drugstore 약국

깜빡 잊었어.

A: 왜 이렇게 일찍 들어왔어? 약국엔 들렀어?

B: 앗, 깜박 잊었어.

[해설]

순간적으로 어떤 것을 '깜빡 잊었어'라고 할 때 'It slipped my mind.'라고 합니다. 여기서 slip은 '미끄러지다'의 뜻 외에 '깜빡하다'의 뜻이 있습니다. 일반적으로 '잊다'의 뜻으로 쓰이는 forget을 써서 'I totally forgot.'이라고 하면 '완전히 깜빡했네.'의 뜻으로 유사한 뜻이 됩니다.

[expression plus]

*건망증이 심한 forgetful
*잊지 마세요 Don't forget!
*기억력이 좋다 have a good memory

102위 있는 돈을 다 써서 어떤 물건을 샀을 때

I broke the bank to get this.

A: Is this a new car? It looks wonderful!
B: It's a used car. I broke the bank to get it.

있는 돈 탈탈 털어서 샀어.

A: 이거 새로 산 차야? 너무 예쁘다!
B: 이거 중고차야, 그리고 있는 돈 탈탈 털어서 샀어.

[해설]

가진 돈을 다 써서 어떤 물건을 샀을 때 'I broke the bank to get this.'라고 하면 됩니다. 여기서 break the bank는 '있는 돈을 다 쓰다'의 의미로 그동안 모아두었던 돈을 탈탈 털어 쓰는 경우입니다. 'I barely had enough money to get this.'도 비슷한 표현입니다. 어떤 것을 돈을 모아서 산 경우, 말 그대로 'I saved money and bought it.'라고 하면 됩니다.

[expression plus]

*할부로 구입하다	pay in installments
*할인가로 구입하다	buy at a discount price
*계약금, 착수금	down payment

103위 피부가 굉장히 좋다는 표현을 할 때

You have very nice skin!

A: You have very nice skin! What's your secret?
B: No secret. Nothing but good food, sleep, and exercise.

*nothing but 단지 ~뿐이다

피부가 장난이 아닌데!

A: 너 피부 장난 아닌데! 무슨 비결이라도 있어?
B: 비결은 무슨, 규칙적이고 바람직한 생활을 하는 것 외엔.

[해설]

피부가 굉장히 좋다고 말할 때 말 그대로 '좋은 피부'를 의미하는 nice skin을 써서 'You have very nice skin!'이라고 하면 됩니다. 또는 '안색' 또는 '피부색'을 나타내는 complexion을 사용하여 'You have a great complexion.' 라고 해도 같은 의미가 됩니다.

[expression plus]

*피부 손질	skin care
*매끈한 피부	smooth skin
*거친 피부	rough skin
*미백	whitening

104위 어떤 일에 대한 자신의 걱정이 기우였음을 알았을 때

I shouldn't have worried so much.

A: You did such a good job on this project.
I shouldn't have worried so much.

B: Actually, I worried at first. So I tried to be more cautious.

*cautious 주의 깊은, 신중한

괜한 걱정했네요.

A: 이번 일을 당신이 정말 훌륭하게 해냈어요. 제가 괜한 걱정했네요.

B: 사실 처음엔 저도 걱정했어요. 그래서 더 신중을 기했죠.

[해설]

'괜한 걱정을 했다'는 것은 '걱정할 필요가 없었는데 걱정했다'는 의미 이므로 'I shouldn't have worried so much.'라고 하면 됩니다. shouldn't have p.p는 '~하지 말았어야 하는데 했다'의 의미입니다. 비슷한 표현으로 'I wasted a lot of time worrying.'로 '괜한 걱정하느라 시간 낭비했다'의 뜻입니다.

[expression plus]

*걱정스러운 표정	an anxious look
*걱정하지 마세요	Don't worry.
*긴장하지 말라	Don't be nervous.

105위 일정 기간 내에 물건 따위를 일정 금액 할인해서 판매할 때

There's a sale.

A: Today is Christmas Eve, so there's a sale at all the supermarkets. Let's go pick up something.
B: But we won't be home this week. So we don't need any groceries.

*pick up 사다, 집어 올리다 *grocery 식료품

바겐세일을 하고 있어요.

A: 오늘 크리스마스이브라서 슈퍼마켓에서 다 바겐세일을 하고 있어.
우리 가서 뭘 좀 더 사자.
B: 근데 우리 주중엔 집에 없을 거잖아. 그러니까 물건 더 살 필요 없어.

[해설]

바겐세일은 bargain sale로 표현하기도 하지만 그냥 sale만 사용해도 같은 의미입니다. 즉, 'There's a sale.'이라고 하면 '바겐세일을 하고 있다'는 의미입니다. '세일 기간은 10일간 지속된다'라는 말은 'The sale period lasts 10 days.'라고 하면 됩니다.

[expression plus]

*창고정리 세일 clearance sale
*정기 바겐세일 regular bargain sale
*점포정리 세일 going-out-of-business sale

106위 전화 받기 곤란한 상황에서

I can't talk on the phone right now.

A: I'm driving right now, so I can't talk on the phone.
B: Then call me as soon as you can. It's urgent.

지금 전화 받기 곤란해.

A: 나 지금 운전 중이야, 전화 받기 곤란해.
B: 그럼 가능할 때 전화해줘. 급한 일이거든.

[해설]
전화로 통화하는 것은 talk on the phone입니다. 따라서 전화 받기 곤란한 상황인 경우 'I can't talk on the phone right now.'라고 하면 됩니다. '전화 받다'의 take a call을 사용하여 'I can't take a call right now.'라고 해도 같은 의미입니다.

[expression plus]
*나중에 전화하다　　call later
*통화중이다　　be on another line
*메시지를 남기다　　leave the message

107위 전화를 해서 엉뚱한 사람을 찾을 때

We don't have anyone by that name.

A: Hello, can I talk to Mr. Richard?
B: Excuse me, but we don't have anyone by that name.

여기 그런 분 안 계신데요.(전화)

A: 여보세요. 리처드 씨 바꿔주시겠어요?
B: 죄송하지만, 여기 그런 분 안 계신데요.

[해설]

전화를 해서 엉뚱한 사람을 찾을 때 'We don't have anyone by that name.'이라고 하면 '그런 분 안계신데요.'란 말입니다. 'There isn't anyone here by that name.'도 같은 표현입니다. '전화 잘못 거신 것 같아요.'라고 추가적으로 말할 때 'Maybe you have the wrong number.'라고 하면 됩니다.

[expression plus]

*방금 나갔다	just stepped out
*좀 더 크게 말하다	speak louder
*전화를 연결해주다	put through

108위 소리에 대한 음악적 감각이 무디어 음을 바르게 인식하거나 발성하지 못하는 사람

I am tone-deaf.

A: How about going to a noraebang tomorrow night?
B: I don't want to go. I am tone-deaf.

*tone-deaf 음치의

난 음치야.

A: 내일 저녁에 우리 노래방에 갈까?
B: 안 가, 난 음치야.

[해설]
음치인 경우 음조와 리듬 등에 대해 감이 없어 음에 대해 마치 귀머거리 같습니다. 이 경우 tone-deaf라고 합니다. 따라서 'I'm tone-deaf.'라고 하면 '난 음치야'라는 말입니다. 음악에 대해 듣는 귀가 없다는 식의 'I have no ear for music.'도 같은 뜻입니다.

[expression plus]

*음의 높이	pitch
*음감	an ear for music / a good sense of pitch
*애창곡	one's favorite song
*기억하기 쉬운 멜로디	catchy tune

109위 마음에 들지 않는 어떤 대상으로 인해 식욕이 떨어질 때

I just lost my appetite.

A: What kind of smell is this? It stinks!
B: Right, I just lost my appetite. Let's move to another table.

*stink 악취가 나다 *appetite 식욕

정말로 입맛이 당기지 않네요. (밥 맛 떨어지다)

A: 이게 무슨 냄새야! 심한 악취가 나는군!
B: 그러게 정말로 밥 맛 떨어지네. 테이블(자리) 바꾸자.

[해설]
입맛이 당기지 않을 때 '밥 맛 떨어지다'라고 하는데, 이때 쓰는 표현은 'I just lost my appetite.' 입니다. 여기서 lose one's appetite가 '식욕을 잃다'의 뜻으로 appetite가 바로 '식욕'입니다. 식전에 매우 달콤한 파이를 먹든가 하여 정작 식사에 대한 입맛을 버린 경우는 'My appetite was spoiled.', 또는 'It spoiled my appetite.'라고 할 수 있습니다.

[expression plus]
*식사를 잡치다 spoil one's dinner
*식욕이 좋다 have a good appetite
*식욕을 돋우다 sharpen one's appetite

110위 상대방이 기운이 없고 우울해 보일 때

Why are you so crestfallen?

A: Why are you so crestfallen?
B: I had a big fight with my boyfriend and we haven't met for a week.

*crestfallen 닭 볏이 처진, 풀이 죽은

왜 그렇게 다운됐어?

A: 왜 그렇게 다운됐어?
B: 남자친구랑 대판 싸우고 1주일째 못 만났어.

[해설]

닭 벼슬을 crest라고 합니다. 이것이 아래로 쳐져 있는 모양을 따서 crestfallen이라고 하면 '풀이 죽은'의 뜻입니다. 따라서 'Why are you so crestfallen?'이라고 하면 '왜 그렇게 풀이 죽어 있느냐'는 말입니다. 즉 '왜 그렇게 다운됐냐'는 말로 'Why are you so down?'이라고 해도 같은 뜻입니다.

[expression plus]

*무슨 일이야?	What's the problem?
*다 잘 될거야	Everything will be all right.
*비 온 다음에 땅이 굳어진다	After rain comes fair weather.

111위 잘못한 일에 대하여 이리저리 돌려 말하는 구차한 변명을 할 때

Stop making excuses.

A: It's true that I've lost your phone, but there were so many people there.
B: Stop making excuses. That's unforgivable.

내게 그런 핑계대지 마.

A: 내가 네 전화를 잃어버린 건 사실이지만, 거긴 사람들이 정말 많았다구.
B: 내게 그런 핑계대지 마. 용서할 수 없어.

[해설]

잘못한 일에 대해 구차한 변명을 할 때 'Stop making excuses.'라고 하면 '핑계대지 말라'는 말입니다. 여기서 excuses가 바로 '핑계'를 의미합니다. 'There's no excuse for that.'이라고 해도 같은 뜻입니다.

[expression plus]

*자리를 떠도 되나요?	May I be excused?
*구실을 만들다	invent excuses
*자신의 잘못을 둘러대다	explain away one's mistake

112위 집에서 배달음식을 먹자고 제안할 때

Shall we order something in?

A: I'm hungry. Would you like to eat something?
B: Then shall we order something in?

*order in 배달시키다

우리 뭐 시켜먹을까?

A: 배 고픈데 뭐 안 먹을래?
B: 그럼 오랜만에 우리 뭐 시켜먹을까?

[해설]

일반적으로 '주문하다'는 order입니다. '주문하여 배달시키는 경우'는 집으로 오게 하는 것이므로 'order in'이라고 합니다. 따라서 'Shall we order something in?'이라고 하면 '뭐 시켜먹을까?'라는 말입니다.

[expression plus]

*피자 시켜 먹자	Let's order in pizza.
*배달해 주세요	I want it delivered.
*배달돼나요?	Do you deliver?

113위 뜻밖의 기분 좋은 일이 생겼을 때

You got a lucky break!

A: Is it true that you won the lottery? You got a lucky break!
B: Ha, ha. Are you jealous? Not everyone is born this lucky, right?

* lottery 복권

운이 좋군!

A: 복권 당첨됐다며? 운이 좋군!
B: 하하, 부럽지? 모든 사람들이 다 행운을 타고 날 순 없잖아?

[해설]
뜻밖의 좋은 일로 운이 좋을 때 'You got a lucky break!'라는 표현을 쓸 수 있습니다. 여기서 break는 '행운' 또는 '좋은 기회'를 의미합니다. 일반적으로 많이 쓰이는 'You're so lucky.'도 같은 표현입니다. 금광을 발견하거나 복권 당첨과 같이 갑작스런 행운의 부자가 된 경우 'You struck it rich.'라는 은유적인 표현을 쓸 수 있습니다.

[expression plus]

* 불운	a bad break / misfortune
* 행운을 빌다	keep one's fingers crossed
* 운이 좋았다	I was fortunate.

114위 아무런 쓸모나 득이 될 것이 없을 때

It is no use talking to him. It's just waste of time.

A: Did he take your MP3 player without permission?
He is hopeless!

B: It is no use talking to him. It's just waste of time!

*permission 허락

말해봤자 소용없어, 시간낭비야!

A: 걔가 또 네 허락없이 mp3 플레이어 가져갔어? 걔 정말 안되겠구나!

B: 말해봤자 소용없어. 시간낭비야!

[해설]

우리말의 '~해도 소용없다'라고 할 때 영어에서는 'It is no use v-ing'구문을 사용합니다. 따라서 '그에게 말해봤자 소용없어'라고 할 때 'It is no use talking to him.'이라고 하면 됩니다. 묘사적인 표현으로 'It's like talking to a brick wall.'도 '벽에다 대고 말하는 것과 같다'는 말이니 '소용없다'를 나타내는 같은 표현입니다. '시간낭비야'는 waste of time을 사용하여 'It's just waste of time.'이라고 하면 됩니다.

[expression plus]

*소용없다	It's useless. / It's hopeless.
*후회해도 소용없다	It's is no use crying over split milk.

115위 싼 물건은 그만큼 품질도 떨어짐을 비유적으로 이르는 말

You get what you pay for.

A: Did you see my shoes?
I bought them just a month ago, but the soles fell off already.

B: That happens when you get cheap stuff.
You get what you pay for.

*sole 신발 밑창 *fall off (이탈하여) 떨어지다

싼 게 비지떡

A: 내 신발 봤어? 한 달 전에 샀는데, 벌써 신발밑창이 떨어졌어.

B: 가격대비 그럴 만도 하네. 싼 게 비지떡이야.

[해설]

우리말의 '싼 게 비지떡'이란 말은 영어로는 'You get what you pay for.'로 표현할 수 있는데 '지불한 돈에 맞는 물건을 얻는다'는 말입니다. 싼 물건은 당연히 품질도 떨어지게 되어있습니다. 'What do you expect for that price?'는 약간 수사적인 표현인데, 직역하면 '그 가격에 뭘 기대해?'의 뜻으로 이 표현도 '싼 게 비지떡'이라는 말을 나타낼 수 있습니다.

[expression plus]

*환불받다 get a refund
*교환하다 exchange
*물건의 결함 defects of the item

116위 옷이 좋아 사람이 돋보일 때

The clothes make the man.

A: I look quite different in these clothes.
B: The clothes make the man.

옷이 날개다.

A: 이 옷을 입으니 완전히 달라 보이네.
B: 옷이 날개야.

[해설]

옷이 좋아 사람이 돋보일 때 'The clothes make the man.'이라고 합니다. 즉, '옷이 그 사람이 멋져보이게 만들어준다'는 의미가 되겠습니다. 'Fine feathers make fine birds.'라는 표현도 '멋진 깃털이 멋진 새를 만든다'로 같은 의미입니다. 'You have to dress for success.'라고 해도 옷의 중요성을 말하는 유사한 표현이 되겠습니다.

[expression plus]

*멋지게 옷을 입다	dress fashionably
*패션에 대한 안목이 있다	have an eye for fashion
*겉만 보고 판단하지 말라	Don't judge a book by its cover.

117위 융통성이 없어 답답한 사람을 나무랄 때

You need some common sense.

A: We are having a guest today. It would have been good for you to get a bottle of wine. You need some common sense.

B: Well, our guest is not a celebrity.

*would have p.p ~였을 것이다 *celebrity 유명인

센스가 없어.

A: 손님 오시는데 맛있는 와인 한 병이라도 사 오면 좋잖아. 센스가 없어.

B: 그렇게 신경 쓸 만한 손님도 아니잖아.

[해설]

융통성이 없어 답답한 사람에게 '센스가 없다'고 말합니다. 이때 'You need some common sense.'라고 할 수 있는데 여기서 common sense는 '상식', '센스'를 말합니다. 즉 '센스가 있어야지'의 뜻인데 다른 말로 '센스가 없다'는 말과 같습니다.

[expression plus]

*센스 쟁이야~	You have good sense.
*그는 항상 미리 생각(준비)한다	He always thinks ahead.
*그녀는 매우 치밀하다	She's very organized.

118위 좋아하는 대상의 관심이 기대에 미치지 못해 실망하는 친구에게

Maybe she's playing hard-to-get.

A: She doesn't seem interested in me.
B: Maybe she's playing hard-to-get.

일부러 관심 없는 척 튕겨보는 거겠지.

A: 그녀는 관심이 하나도 없어 보여.
B: 일부러 관심 없는 척 튕겨보는 거겠지.

[해설]

일부러 관심 없는 채하여 애태우게 만드는 경우를 paly hard-to-get이라고 합니다. 그래서 사귀는 여성이 튕겨보는 것 같다고 말할 때 'Maybe she's playing hard-to-get.'이라고 하면 됩니다. 또는 'She's just playing games.'라고 해도 되는데, 여기서 play games는 남녀 간의 미묘한 심리적 '밀당 게임'을 하는 것이라고 보면 되겠습니다.

[expression plus]

*~에게 차이다	get dumped by
*~에게 관심을 보이다	show interest in someone
*~를 쌀쌀맞게 대하다	give someone the cold shoulder

119위 이상적인 배우자를 만나려고 여기저기를 뒤지거나 살필 때

I'm still searching for Ms. Right/Mr. Right.

A: Where on earth is your girlfriend?
B: I'm still searching for Ms. Right.

*on earth 도대체 *search for ~을 찾다

아직 이상형을 찾는 중이야.

A: 대체 너의 사랑은 어디에 있는 거니?
B: 난 아직 이상형을 찾는 중이야.

[해설]

이상형은 여자의 경우 Ms. Right로 남자는 Mr. Right라고 하는데 말 그대로 '딱 맞는 사람'을 말합니다. 이상적인 여자 배우자를 찾고 있는 경우 'I'm still searching for Ms. Right.'라고 하면 됩니다. 또는 'I'm still looking for the perfect woman.'이라고 하거나 'I'm waiting for the one.' 이라고 해도 동일한 의미가 됩니다.

[expression plus]

*관계를 맺다 build relationship
*~를 연결시켜주다 hook somebody up with
*연애 따로, 결혼 따로 Love is one thing and marriage is another.

120위 음식의 맛이 매우 맛있을 때

It's delicious!

A: How did you make this? It's delicious!
B: Really? Thank you.

맛이 아주 좋아.

A: 이거 어떻게 만든 거야? 맛이 아주 좋아.
B: 정말? 고마워.

[해설]

음식이 매우 맛있을 때 'It's delicious!'라고 표현합니다. 매우 맛있다는 의미가 delicious에에 담겨 있으므로 굳이 very나 so를 delicious앞에 붙이지 않아도 됩니다. 'It tastes so good!'도 같은 뜻이며 구어적으로 '멋진', '굉장한'의 뜻으로 많이 쓰이는 scrumptious [skrʌ́mpʃəs]를 써서 'It's scrumptious.'라고 해도 맛있다는 의미를 전달할 수 있습니다.

[expression plus]

*맛보다	taste / try
*맛이 갔어	It's gone bad.
*맛이 담백한	plain
*맛이 싱거운	flat / bland / flavorless

121위 - 140위 순위

121위 뭐라고 하는지 못 들었어.

122위 나 지금 통화 중이야.

123위 저 열혈 팬이에요.

124위 그럴 리가 없어.

125위 제 버릇 어디 가니.

126위 제 말이 그 말이에요.

127위 뭐가 뭔지 하나도 모르겠어!

128위 내가 너 같은 줄 알아?

129위 이건 내가 주는 작은 선물이야

130위 어리석게 굴지 마.

131위 그런 기대 하지 마.

132위 폐를 끼쳐 드려 죄송해요.

133위 이건 내 스타일이 아니야.

134위 그녀는 그냥 사람 마음 가지고 노는 거야.

135위 걔 생각하면 지금도 가슴이 아프다.

136위 그걸 꼭 말로 해야 되니?

137위 난 이거 못하겠어.

138위 너희 아무 도움도 안 되잖아!

139위 한 입만 줄래?

140위 맛이 밍밍해.

121위 I couldn't hear what you were saying.

122위 I'm on the phone.

123위 I am her/his biggest fan.

124위 That can't be true.

125위 Old habits die hard.

126위 You can say that again.

127위 I can't understand what you're talking about at all!

128위 Do you think I am like you?

129위 This is my little gift for you.

130위 Don't be stupid.

131위 Don't get your hopes up.

132위 I'm really sorry to put you through much trouble.

133위 This is not my style.

134위 She's just playing games with your emotions.

135위 Whenever I think of him, it still hurts.

136위 Do I really need to explain it?

137위 I can't do this anymore.

138위 You are no help at all!

139위 Can I have a bite?

140위 It tastes too bland.

121위 상대방의 말 등을 잘 안 들려서 혹은 주변 상황으로 인해 못 들었을 때

I couldn't hear what you were saying.

A: I'm sorry. I couldn't hear what you were saying because of the noise outside.

B: Then I will say that again. Listen to me carefully this time.

*noise 소음

뭐라고 하는지 못 들었어.

A: 밖이 시끄러워서 네가 뭐라고 하는지 못 들었어.

B: 그럼 내가 다시 말해줄게, 이번에 잘 들어.

[해설]

주변이 소란하여 상대방의 말을 못들었을 때 할 수 있는 말은 'I couldn't hear what you were saying.'입니다. 또는 'I couldn't hear you.'라고 해도 같은 의미인데, 그 이유를 말할 때는 뒤에 because (of)를 사용하면 됩니다. 예를 들어 '진공청소기 소리 때문에 네가 하는 말 못 들었다'는 'I couldn't hear you because of the noise from the vacuum cleaner.'라고 하면 됩니다.

[expression plus]

*주의를 기울이다	pay attention
*딴생각하다	think about something else at the time
*자기목소리가 상대방에게 들리게 하다	make oneself heard

122위 다른 사람과 통화 중일 때

I'm on the phone.

A: Susan, please come over here and help me a little.
B: I'm on the phone. Wait a minute.

나 지금 통화 중이야.

A: 수잔, 잠깐 와서 도와줘.
B: 나 지금 통화중이야. 잠깐만.

[해설]

통화중인 경우 'I'm on the phone.'이라고 합니다. 또는 '전화 받다'의 take a phone call을 사용하여 'I'm taking a phone call.'이라고 해도 됩니다. 참고로 '전화 왔어요'라는 말은 'You are wanted on the phone.'이라고 하니 이것도 알아두면 유용한 표현입니다.

[expression plus]

*전화 받다	pick up the phone
*전화주세요	Give me a call.
*전화가 끊어지다	The call was disconnected.
*~와 전화가 안되다	cannot get hold of the person

123위 어떤 대상(운동선수, 배우, 가수 등)을 열렬하게 좋아하게 좋아하는 사람

I am her/his biggest fan.

A: What? You waited in line all night to get a ticket for the Beyoncé concert?

B: Of course. I like her very much. She's awesome.
I'm her biggest fan.

*wait in line 줄서서 기다리다

저 열혈 팬이에요.

A: 뭐라구? 비욘세의 공연티켓을 사려고 밤새 줄서서 기다렸다고?

B: 그럼, 난 그들을 정말 좋아하거든. 너무 멋져. 열혈 팬이야.

[해설]

가수 등을 열렬하게 좋아하는 '열혈 팬'을 biggest fan이라고 합니다. 따라서 'I'm her biggest fan.'이라고 하면 '난 그녀의 열혈 팬이에요.'라는 말입니다. biggest 대신 huge 나 great를 써도 같은 의미입니다. 즉, 'I'm a huge fan.'도 같은 의미인데 뒤에 'of+좋아하는 대상'을 넣어 'I'm a huge fan of *Celtic Woman*.'등으로 쓸 수 있습니다.

[expression plus]

*비욘세를 좋아하는 이유는?	Why do you like Beyonce so much?
*여가를 활용하다	spend one's free time
*기분전환으로 ~을 하다	do something for relaxation

124위 어떤 행동을 다른 사람이 오해해서 사실이 아니라고 강조할 때

That can't be true.

A: Did you know that Melissa is supposed to be the interpreter for the conference?

B: That can't be true. The president told me to do it last night.

*interpreter 통역사　*conference 회의

그럴 리가 없어.

A: 이번 회의 통역은 멜리사가 맡게 되는 거 알고 있어?

B: 그럴 리가 없어. 어제 저녁에 사장님께서 분명히 나보고 하라고 말씀하셨는데.

[해설]

어떤 것이 사실이 아니라고 강조할 때 'That can't be true.'라고 하면 '그럴 리가 없다'는 말입니다. 유사한 표현으로 'No way.'도 자주 쓰입니다. 여기서는 '천만의 말씀'이라는 뜻으로 쓰이지만, 경우에 따라 '절대로 안 돼'의 금지의 뜻으로도 사용됩니다. 'You must be kidding.'이라고 하면 '농담하는 거지'라는 말로 '사실일리 없다'는 말을 표현하고 있습니다.

[expression plus]

*잘못된 전달	miscommunication
*회의실	conference room
*회의 주제	agenda
*회의를 주재하다	preside over the meeting

125위 한번 젖어 버린 나쁜 버릇은 쉽게 고치기가 어렵다는 표현을 할 때

Old habits die hard.

A: Look at this man! Old habits die hard.
B: That's true. Why does he have to do that all the time?

제 버릇 어디 가니.

A: 이 사람 좀 봐! 제 버릇 어디 가니.
B: 그러게 말이야. 이 사람은 왜 맨날 이 꼴이니.

[해설]

오래된 나쁜 버릇은 쉽게 없어지지 않습니다. 이를 묘사하는 표현은 'Old habits die hard.'입니다. 쉽게 말해 '제 버릇 어디 가겠느냐'는 뜻입니다. 우리 속담에 '세살 버릇 여든까지 간다'가 있는데 'What is learned in the cradle is carried to the grave.'입니다. 즉, '요람에서 배운 것이 무덤까지 간다'는 말입니다.

[expression plus]

*습관이 되다	become a habit
*습관을 기르다	form a habit
* ~하기로 하고 있다	make it a rule to~

126위 내가 하고 싶었던 말을 남이 해 그 말에 동의할 때

You can say that again.

A: I think we should take a few days off.
We've been working late for three months.

B: You can say that again. We need some rest.

제 말이 그 말이에요.

A: 내 생각에 우리 며칠 쉬어야 할 것 같아, 벌써 석 달간 야근했잖아.

B: 내 말이 그 말이야. 우린 좀 쉬어야 해.

[해설]

남이 한 말에 대해 동의 할 때 'You can say that again.'라고 합니다. '그 말 또 해도 맞는 말이다' 라는 의미이니 '동의 한다' 즉 'I agree with you completely.'가 되겠습니다. 또는 'That's what I would say.'도 같은 뜻인데 말 그대로 '그게 바로 내가 하려던 말이었다'의 뜻입니다.

[expression plus]

*동의하다, 찬성하다 assent
*반대하다 disagree / oppose
*다른 생각 different thoughts

127위 설명을 들었으나 이해하기 힘들 때

I can't understand what you're talking about at all!

A: I can't understand what you're talking about at all!
Isn't there an easier explanation?

B: That's because you are not paying attention to me.

*explanation 설명　*pay attention to ~에 집중하다

뭐가 뭔지 하나도 모르겠어!

A: 뭐가 뭔지 하나도 모르겠어! 좀 알기 쉽게 설명할 수 없어?

B: 네가 안 듣고 있으니까 그런 거잖아.

[해설]

상대방의 설명을 들었으나 전혀 이해하지 못할 때 'I can't understand what you're talking about at all.'이라고 하면 됩니다. 좀 더 쉽게 말한다면 'I'm not following you.'라고 할 수 있는데, 여기서 follow는 '따르다'의 뜻도 있지만 '이해하다'의 뜻이 있습니다. 따라서 '내 말 이해하니?'하고 물을 때 'Are you following me?'라고 할 수 있습니다.

[expression plus]

*이해가 안되는데	I don't get it.
*무슨 말인지 알겠어	I know what you mean.
*처음부터 다시 설명하다	explain something from the beginning

상대방의 부정적인 면과 동일시 당한 것이 억울할 때

Do you think I am like you?

A: I'm not good at math, either.
B: Either? Do you think I am like you?

*be good at ~을 잘하다

내가 너 같은 줄 알아?

A: 나도 수학 못해.
B: '나도'라니. 내가 너 같은 줄 알아?

[해설]
상대방이 나와 동일시 할 때 이를 반박하는 경우 '내가 너 같은 줄 알아?'라고 합니다. 이때 쓸 수 있는 표현이 'Do you think I am like you?'입니다. 비슷한 표현으로 'Are you putting us in the same category?'이 있습니다. 즉, '나를 너와 같은 범주에 집어넣느냐'의 뜻으로 '난 너와 다르다'는 것을 말하고 있습니다.

[expression plus]

*우린 완전 달라	We are very different.
*난 미드에 빠졌어	I'm into American dramas.
*너 수학 잘하니?	Are you good at math?

129위 감사나 존경 등의 마음을 작게나마 표현하면서

This is my little gift for you.

A: This my little gift for you. I hope you like it.
B: You didn't have to, but thanks. I'm impressed.

*be impressed 감동하다

이건 내가 주는 작은 선물이야.

A: 이건 내가 주는 작은 선물이야. 네가 좋아했으면 좋겠다.
B: 받기 쑥스러운데, 고마워. 감동인걸.

[해설]

감사의 마음을 작은 선물에 담아 표현하는 일이 종종 있는데 이때 쓸 수 있는 표현이 'This is my little gift for you.'입니다. '작은 선물'은 말 그대로 little gift입니다. 또는 'This is a little something I picked up for you.'를 써도 되는데 여기서 something이 선물을 의미하고 pick up은 '사다', '마련하다'의 뜻이 되겠습니다.

[expression plus]

*약소하지만 ~	This is not much, but ~
*내가 갖고 싶었던 것이다	This is just what I wanted.
*선물 열어봐도 될까요?	May I open the present?

130위 어떤 이가 행동이나 말 따위가 슬기롭지 못하고 둔하게 굴 때

Don't be stupid.

A: Don't be stupid. Do you think a girl like that would like you?
B: Well, but I can't help it because I do really love her.

*stupid 어리석은 *can't help it 어쩔 수 없다

어리석게 굴지 마.

A: 어리석게 굴지 마, 그런 여자애가 너를 좋아할 거라고 생각해?
B: 아휴, 그래도 어쩔 수 없어, 난 그녀를 정말 사랑하니까.

[해설]

'어리석은'을 나타내는 대표적인 단어는 stupid입니다. 따라서 '어리석게 굴지 마'라고 할 때 'Don't be stupid.'라고 하면 됩니다. 본인 입장에서, '그렇게 행동하다니 참 어리석었어'라고 하려면 'It was stupid of me to behave like that.'이라고 하면 됩니다

[expression plus]

*어리석은 행동 foolish behavior
*그건 위험한 짓이다 You are walking on this ice.
*주의 깊게 행동하다 proceed with caution

131위 실현 가능성이 적은 어떤 일이 이루어지기를 바라고 기다릴 때

Don't get your hopes up.

A: Do you really think he would treat you to dinner?
He is a miser. Don't get your hopes up.
B: Everybody says that, but it he seems really serious this time.

*treat to dinner 식사 대접하다 *serious 진심의

그런 기대 하지 마.

A: 걔가 너한테 밥 사줄 거라고 생각해? 그는 구두쇠야. 그런 기대 하지 마.
B: 모두들 그렇게 말하지만 이번엔 진짜인 것 같아.

[해설]

기대를 잔뜩 하는 것을 get one's hopes up이라고 합니다. 실현 가능성이 적은 일에 대해 '기대하지 말라'고 하려면 'Don't get your hopes up.'이라고 말하면 됩니다. '기대하다'의 expect를 사용한 더 간단한 표현으로는 'Don't expect much.'가 있습니다.

[expression plus]

*비현실적인 기대	unrealistic expectations
*김칫국부터 마시다	count one's chickens before they are hatched
*기대가 크면 실망도 크다	The higher the expectation, the bigger the disappointment.

132위 자신으로 인해 상대방이 불편함을 느낄까 염려될 때

I'm really sorry to put you through much trouble.

A: I don't know how to express it.
I'm really sorry to put you through so much trouble.
B: That's okay. We understand your situation.

폐를 끼쳐 드려 죄송해요.

A: 뭐라 말씀드려야 할지 모르겠네요. 폐를 끼쳐 드려 죄송해요.
B: 괜찮아요. 우린 당신의 처지를 이해해요.

[해설]

상대방에게 불편함을 끼친 경우 사과할 때, 'I'm sorry to put you through much trouble.'라고 할 수 있는데, 이때 put ~ through는 전화통화에서는 '전화를 연결시켜주다'이지만 여기서는 '어려움을 겪게 하다'의 의미로 사용되었습니다. 더 간단한 사과 표현은 'Sorry to bother you.'로 여기서 bother는 '성가시게 하다'의 뜻입니다.

[expression plus]

*불편	inconvenience
*~에도 불구하고	In spite of / Despite
*호의에 감사합니다.	Thank you for your generosity.

133위 자신이 추구하는 스타일이 아닐 때

This is not my style.

A: Are you telling me to wear a formal suit?
You know this is not my style.
B: We can't help it. You are supposed to wear a suit at places like this.

*a formal suit 정장 *be supposed to ~하기로 되어있다

이건 내 스타일이 아니야.

A: 나보고 양복을 입으라고? 이건 내 스타일이 아니란 거 알잖아.
B: 근데 어쩔 수 없어. 이런 곳에서는 꼭 양복을 입어야 돼.

[해설]

자신이 추구하는 스타일이 아닐 때 흔히 '이건 내 스타일이 아니야'라고 합니다. 이때 'This is not my style.'이라고 하면 됩니다. 'It just isn't me.'라고 해도 같은 뜻입니다. '내게 딱 맞는 스타일이야'라고 할 때는 'This is just my style.'이라고 하면 됩니다.

[expression plus]

*남자용 예복 dress suit
*나비 넥타이 bow tie
*잘 어울리다 look good on

134위 친구가 좋아하는 사람의 마음을 얻지 못해 상심하고 있을 때

She's just playing games with your emotions.

A: I have been chasing the girl for two months. She's still apathetic to me.
B: Snap out of it! She's just playing games with your emotions.

*apathetic 냉담한 *snap out of it 정신 차리다, 털어버리다

그녀는 그냥 사람 마음 가지고 노는 거야.

A: 나는 그 여자앨 두 달 동안 쫓아 다녔는데. 걘는 여전히 무관심하더라.
B: 정신 차려! 그녀는 그냥 사람 마음 가지고 노는 거야.

[해설]

자신을 좋아하는 사람에게 마음을 주지 않고 힘들게 하는 경우 '사람 마음 가지고 노는 거야'라고 합니다. 이때는 'She's just playing games with your emotions.'라고 하면 됩니다. 즉, 상대방의 감정을 가지고 이리 저리 밀당 게임을 하는 것이라고 보면 되겠습니다. 또는 'She's just playing hard to get.'이라고 해도 같은 의미를 전달할 수 있습니다.

[expression plus]

*연애중인	be in love
*~에게 끌리다	be attracted to someone
*~에게 반하다	fall for someone

135위 과거 인연이 있었던 사람으로 인해 마음이 아플 때

Whenever I think of him, it still hurts.

A: Whenever I think of him, it still hurts.
B: Don't be silly. Don't let him get you down. You need to bounce back.

*bounce back 회복하다, 되튀다

걔 생각하면 지금도 가슴이 아프다.

A: 걔 생각하면 지금도 가슴이 아프다.
B: 미련하게 굴지마. 그 사람 때문에 실망할 필요 없어. 넌 예전 상처 속에서 빠져 나와야 돼.

[해설]

과거 인연이 있었던 사람을 생각 만해도 가슴이 아플 때 'Whenever I think of him, it still hurts.'라는 말을 쓸 수 있습니다. 여기서 whenever는 '~할 때마다'의 뜻이고 hurt는 '상처주다','아프게 하다'의 의미입니다. 헤어진 연인에 대한 기억은 고통스럽기에 'It's a painful memory.'라고 해도 적절한 문맥 속에서 같은 의미를 전달해 줄 수 있습니다.

[expression plus]

*풋사랑 puppy love
*데이트를 신청하다 ask someone for date
*바람 맞다 be stood up

136위 굳이 설명하지 않아도 자신의 의도를 알아주기 바랄 때

Do I really need to explain it?

A: What's the matter? Why are you so angry with me so suddenly?
B: Do I really need to explain it? You are the worst!

*angry with ~에게 화내다

그걸 꼭 말로 해야 되니?

A: 왜 그래? 왜 갑자기 화내는 건데?
B: 그걸 꼭 말로 해야 되니? 너 따위 최악이야!

[해설]

굳이 설명하지 않아도 상대방이 당연히 자신의 의도를 알수 있다고 생각할 때 'Do I really need to explain it?'이라고 하면 됩니다. 말 그대로 '굳이 말로 설명해야 되냐'는 말입니다. 'Can't you figure it out?'이라고 해도 같은 뜻인데 여기서 figure out은 '이해하다', '알아차리다'의 의미로 사용되었습니다.

[expression plus]

*이심전심	Telepathy
*공감하다	empathize
*분위기 파악 좀 해!	Consider your surroundings!

137위 자신이 감당하기 어려운 어떤 일을 해야 할 때

I can't do this anymore.

A: I can't do this anymore. I can't. It's not my responsibility anyway.

B: Don't worry. It's just between you and me. And we are not doing anything wrong.

*responsibility 책임

난 이거 못하겠어.

A: 나 정말 이거 못하겠어. 못하겠다구. 그건 내 책임 밖이야.

B: 걱정마, 너랑 나밖에 몰라. 그리고 우리가 나쁜 짓 하는 건 아니잖아.

[해설]

자신이 감당하기 어려운 책임 밖의 일을 더 이상 못하겠다고 할 때 'I can't do this anymore.'라고 하면 됩니다. '내가 왜 이일을 해야 되?'라고 계속해서 말한다면 'Why do I have to do this?'라고 할 수 있겠습니다. 'I can't keep doing it.'이라고 해도 '이거 더이상 계속 못하겠다'의 같은 의미인데 여기서 keep v-ing는 '계속해서 ~하다'의 의미입니다.

[expression plus]

*직업윤리	work ethic
*자격, 자격증	qualification
*~에 익숙치 못하다	be unaccustomed to
*나에게 맡기세요	Leave it to me.

138위 상대방을 신임하지 못하고 무시하는 표현

You are no help at all!

A: You get out of here. You are no help at all!
B: Why do you look down on us? You will regret it someday.

*look down on 무시하다, 깔보다 *regret 후회하다

너희 아무 도움도 안 되잖아!!

A: 너희들은 저리 가 있어, 너희 아무 도움도 안 되잖아!
B: 왜 사람을 깔보고 그래? 언젠간 너 후회할 거다.

[해설]

상대방에게 아무 도움이 되지 않는다고 핀잔줄 때 no help를 사용하여 'You are no help at all!' 이라고 말할 수 있습니다. 여기서 at all은 '전혀'의 뜻으로 부정의 내용을 강조하는 말입니다. 'You haven't helped at all.'이라고 하여도 같은 의미가 됩니다.

[expression plus]

*협력하다	cooperate
*일 중독자	workaholic
*일을 방해하다	get in the way of the work

139위 배가 고프거나 맛있는 음식을 보고 식욕이 돌았을 때

Can I have a bite?

A: Mom, I'm starving to death. Can I have a bite?
B: No, not yet. When everyone is here, then we eat.

*starve 굶주리다

한 입만 줄래(요)?

A: 엄마, 나 배고파 죽겠어. 한 입만 줄래요?
B: 안 돼. 사람들이 다 오면 먹어야 돼.

[해설]

'한 입만 먹는다'에서 '한 입'은 a bite입니다. 따라서 'Can I have a bite?'라는 표현은 '한 입만 먹어봐도 되느냐'의 의미가 됩니다. 'Can you give me a bite?'도 같은 뜻으로 '한 입만 달라'는 요청이 됩니다.

[expression plus]

*한입 베어 물다 grab a bite
*먹기 시작하다 dig in
*더 드세요 Have some more.

140위 음식 따위가 제 맛이 나지 않고 몹시 싱거운 경우

It tastes too bland.

A: Taste this. It's a new dish. How do you like it?
B: It's okay, but it tastes too bland.

*bland 맛이 싱거운

맛이 밍밍해.

A: 맛 좀 봐봐. 새로운 요리야. 어때?
B: 괜찮네, 근데 좀 밍밍하다.

[해설]

음식의 맛이 싱거운 경우 bland라는 단어를 사용하여 'It tastes too bland.'라고 하면 됩니다. 또는 음식에 뭔가 빠진 것 같은 밍밍한 느낌의 맛일 때에도 'It tastes like it's missing something.'이라고 말할 수 있습니다.

[expression plus]

*몹시 짠 too salty
*맛이 이상하다 taste funny / taste strange
*(주로 탄산음료) 김이 샜어 It tastes flat.

141위 - 160위 순위

141위 감기 기운이 좀 있어.

142위 목이 쉬었어.

143위 체중 조절 좀 해야겠어.

144위 어디서 많이 뵌 것 같은데요.

145위 그 동안 하나도 안 변했구나.

146위 언제 한번 보자.

147위 함께 해서 정말 즐거웠어요.

148위 넌 인간쓰레기야!

149위 뭐라고 감사를 드려야 할지 모르겠네요.

150위 프러포즈 할 거니?

151위 내 컴퓨터가 다운됐어.

152위 뭐 어때?

153위 말 빙빙 돌리지 마.

154위 너 왜 이렇게 겁쟁이냐!

155위 늘 그런 식이지.

156위 밤새 뒤척였어.

157위 그만해! (친구한테만 쓰는 말)

158위 그는 밥만 축낸다.

159위 슬슬 요령을 알 것 같아.

160위 일부러 그런 게 아니었어.

141위 I seem to have a cold.

142위 My voice has gotten hoarse.

143위 I need to lose weight.

144위 You look so familiar to me.

145위 You haven't changed a bit.

146위 Let's get together sometime.

147위 It was a pleasure to work with you.

148위 You are the scum of the earth!

149위 I don't know how to thank you.

150위 Are you going to propose to her?

151위 The computer froze.

152위 So what?

153위 Don't beat around the bush.

154위 Don't be chicken!

155위 He is always like that.

156위 I tossed and turned all night.

157위 Stop it!

158위 He isn't worth feeding.

159위 I'm getting the knack of it.

160위 It wasn't intentional.

141위 감기가 걸린 것처럼 몸에 기운이 없을 때

I seem to have a cold.

A: Why didn't you come to school in the morning?
B: I seem to have a cold, so I took a rest at home.

*take a rest 쉬다

감기 기운이 좀 있어.

A: 아침에 왜 학교에 안 왔어?
B: 감기 기운이 좀 있어서 집에서 쉬었거든.

[해설]
'감기 기운이 있다'는 말은 '~인 것 같다'는 의미의 seem to를 사용하여 'I seem to have a cold.'라고 하면 됩니다. 이를 다르게 표현하면 'I think I have a cold.'라고 할 수 있습니다. 확실히 감기에 걸려 고생하고 있는 경우 'I got a cold.' 또는 'I have a cold.'라고 하면 됩니다.

[expression plus]

*오한이 있다	have the chills
*몸살이 나다	ache all over
*감기를 극복하다	get over the cold
*재채기 하다	sneeze
*고열이 나다	have a high fever

142위 목청에 탈이 나서 목소리가 거칠고 맑지 않게 되었을 때

My voice has gotten hoarse.

A: My voice has gotten hoarse because I gave lectures all day long.
B: Contrary to popular opinion, teaching is not easy.

*hoarse 목쉰 *contrary to ~과는 반대로

목이 쉬었어.

A: 오늘 하루 종일 강의해서 목이 쉬었어.
B: 사람들이 생각하는 것과는 달리, 가르친다는 게 정말 쉽지는 않아.

[해설]

목이 쉬었다고 할 때 hoarse[hɔːrs]를 사용하면 됩니다. 즉, 'My voice has gotten hoarse.'라고 하면 되는데 이때 gotten은 get의 과거분사로 미국식 영어에서 주로 사용합니다. 현재완료가 사용되어 얼마 전부터 지금까지 쭉 목이 쉬었다는 뉘앙스를 주고 있습니다. 간단하게 'My voice is hoarse.'해도 되는데 현재 목이 쉬었다는 말입니다.

[expression plus]

*헛기침 dry cough
*목이 아프다 have a sore throat
*따끔거리다 feel irritated
*목이 까칠까칠하다 have a rough throat

143위 다이어트를 해야겠다고 말하면서

I need to lose weight.

A: I gained weight while my wife was pregnant. Now I need to lose weight.

B: No, you look like you are in good shape. You were a little thin before.

*be in good shape 몸이 건강한

체중 조절 좀 해야겠어.

A: 와이프(아내)가 임신중일 동안 나도 살이 많이 쪘어. 체중 조절 좀 해야겠어.

B: 아니야 지금이 딱 보기좋아. 그전엔 너 좀 말랐었어.

[해설]

보통 체중 조절 한다고 할 때는 살을 빼는 것을 의미합니다. 이때 쓰는 표현은 'I need to lose weight.'입니다. 비슷한 표현으로 'I need to go on a diet.'도 많이 씁니다. 문자 그대로 '체중을 조절 한다'고 말할 때는 'I need to control my weight.'라고 해도 같은 뜻입니다.

[expression plus]

*체중이 50킬로이다.	I weigh 50 kilograms.
*체중을 ~까지 줄이다	slim down to
*몸매에 대한 표현	obese (비만의), fat (뚱뚱한), overweight (과체중의), in shape (알맞은 몸매의), slim (날씬한), thin (마른), skinny (깡마른)

144위 어딘가에서 본적이 있는 듯한 사람을 보았을 때

You look so familiar to me.

A: You look so familiar to me. Have we met here before?
B: Maybe not. This is my first time in Paris.

어디서 많이 뵌 것 같은데요.

A: 어디서 많이 뵌 것 같은데요, 혹시 우리 전에 여기서 만나 본 적이 있어요?
B: 아닌 것 같아요, 저는 파리에 처음 왔거든요

[해설]

친숙함을 나타내는 단어는 'familiar'입니다. 'You look so familiar to me.'라고 하면 '어디서 본 것 같다'는 말이 됩니다. 만약 정말로 본 적이 있어서 누군지 알아본 경우에는 'I recognize you.'라고 할 수 있습니다.

[expression plus]

*명함	business card
*오랜만입니다	Long time no see.
*어떻게 지냈습니까?	How have you been?

145위 오랜만에 만난 사람의 모습이 과거 큰 변화가 없을 때 또는 그렇게 보인다고 칭찬의 의도로 말할 때

You haven't changed a bit.

A: We haven't seen each other for a long time, but you haven't changed a bit.

B: Really? I got old. I have a lot of wrinkles.

*a bit 조금, 약간　　*wrinkle 주름

그 동안 하나도 안 변했구나.

A: 오랫동안 못 봤는데 그 동안 하나도 안 변했구나.

B: 그래? 나 많이 늙었어, 얼굴에 주름이 많아졌잖아.

[해설]

오랜만에 만났을 때 듣기 좋은 말 중의 하나가 '옛 모습 그대로다'일 것입니다. 이때 할 수 있는 말이 'You haven't changed a bit.'이 되겠습니다. have p.p의 현재완료형은 과거에서 현재까지 이루어진 상황을 묘사하니 '지금까지 하나도 변하지 않았다'는 말이 됩니다. 'You look the same as ever.'도 '예나 지금이나 똑 같아 보인다'는 말입니다.

[expression plus]

*우아한　elegant / graceful
*건강을 유지하다　keep fit / stay healthy
*너 날씬해 졌다　You've slimmed down.
*좋은 향수를 바르다　wear nice perfume

146위 오랫동안 만나지 못한 친구들과 만남을 청할 때

Let's get together sometime.

A: It's been a long time since we've talked.
Let's get together sometime.
B: Good idea. How about tomorrow night after work?
Shall we have a drink?

*How about ~은 어때 (제안할 때)

언제 한번 보자.

A: 다들 얼굴 본지 오랜데. 언제 한번 보자.
B: 좋아, 내일 저녁 퇴근한 후에 어때? 나가서 한 잔 할래?

[해설]

가장 잘 안 지켜지는 약속 중의 하나가 '언제 한번 보자'라는 말이라고 할 정도로 헤어지거나 할 때 흔히 쓰는 말입니다. 영어로는 'Let's get together sometime.'이라고 하면 됩니다. 여기서 get together가 '함께 만나다'의 뜻입니다.

[expression plus]

*약속 잡다	make an appointment
*선약	a previous engagement
*빠듯한 스케줄	a tight schedule
*언제 시간되지?	When are you available?

147위 공동으로 어떠한 업무를 성공리에 마쳐 마음이 흐뭇하고기쁠 때

It was a pleasure to work with you.

A: We worked hard for a whole month, but everything came together in the end

B: You're right. It's finally over. It was a pleasure to work with you.

*everything came together 모든 일이 잘 마무리되었다

함께 해서 정말 즐거웠어요.

A: 한 달의 노력 끝에 우리 드디어 일을 성공리에 마무리했어.

B: 그래. 드디어 끝났어. 함께 해서 정말 즐거웠어.

[해설]

어떤 일을 함께 잘 마무리 했을 때 'It was a pleasure to work with you.'라고 할 수 있는데 '함께 해서 즐거웠다'는 말입니다. 또는 'I enjoyed working with you.'도 같은 뜻입니다. 주의할 점은 동사 enjoy 다음에 동명사가 와야 한다는 것이니 유념하셔야 되겠습니다.

[expression plus]

*협력하다	collaborate
*야근하다	work overtime
*~을 담당하다	be in charge of

148위 아무 쓸모도 없는 사람을 속되게 이르는 말

You are the scum of the earth!

A: Yes, you are the scum of the earth! You drink all the time.
B: Mind your own business! You're not my mother.

*scum 인간쓰레기 (속어)

넌 인간쓰레기야!

A: 그래, 넌 인간쓰레기야! 맨날 술이나 마시고 다니고.
B: 신경 끄셔! 잔소리 참 많네.

[해설]

아무 쓸모없는 사람이라고 강하게 비난할 때 'You are the scum of the earth.'라고 할 수 있는데 scum이라는 단어는 매우 강한 비속어이니 사용에 주의 하셔야겠습니다. 일반적인 표현으로는 어느덧 우리에게 익숙해진 'You are a loser.'라는 표현이 그러한 비난을 대신하는 말이 될 수 있겠습니다.

[expression plus]

*부끄러운 줄 알아라	Shame on you.
*뻔뻔한, 철면피의	impudent
*얕보다, 과소평가하다	underestimate

149위 감사의 마음을 말로 표현하기 어려울 때

I don't know how to thank you.

A: I don't know how to thank you.
B: You're welcome. We live by helping each other.

뭐라고 감사를 드려야 할지 모르겠네요.

A: 뭐라고 감사를 드려야 할지 모르겠네요.
B: 별말씀을요. 서로 돕고 사는 거죠.

[해설]

감사의 마음을 말로 표현하기 어려울 때는 'I don't know how to thank you.'라고 하면 됩니다. 같은 표현으로 'I can't thank you enough.'가 있는데 즉, 직역하면 '아무리 해도 충분히 감사를 표할 수 없을 정도이다'라는 말이 됩니다. 'How can I ever thank you.'도 같은 표현이니 알아두면 유용할 것입니다.

[expression plus]

*호의에 감사합니다	Thank you for your kindness.
*조언에 감사합니다	I appreciate your advice.
*감사말씀 드리고자 합니다	I'd like to say a few words of thanks.

150위 좋아하는 대상에게 프러포즈를 할지 물을 때

Are you going to propose to her?

A: What? Are you going to propose to her?
B: Yes. I know it's only been three months since we first met, but I think that's enough.

프러포즈 할 거니?

A: 뭐? 그녀에게 프러포즈 할 거니?
B: 그래, 비록 알게 된지 3개월밖에 안 됐지만, 충분하다고 생각해.

[해설]

좋아하는 대상에게 결혼해 달라고 프러포즈 할 때 propose to를 사용합니다. 따라서 프러포즈 할 것인지 묻는 질문은 'Are you going to propose to her?'입니다. 좀 더 재미있는 표현으로 'Are you going to pop the question?'이 있는데 직역하면 '그 질문 할 거야?'의 의미로 pop은 '터뜨리다'의 의미이고 the question은 청혼 질문을 말합니다.

[expression plus]

* 미혼입니까? Are you single?
* 결혼해 주겠습니까? Will you marry me?
* 결혼하다 get married

151위 컴퓨터가 작동돼지 않을 때

The computer froze.

A: The computer froze. Maybe it has a virus.
B: There was a virus alert last week. Didn't you see that?

*alert 경고

내 컴퓨터가 다운됐어.

A: 내 컴퓨터가 다운됐어. 바이러스에 걸린 것 같아.
B: 지난주에 그 바이러스 경보가 있었는데, 모르고 있었어?

[해설]

컴퓨터가 갑자기 먹통이 될 때 영어에서는 '얼어붙다'의 freeze를 사용하여 'My computer froze.'라고 합니다. 주로 화면이 멈춰버리는 경우가 많기에 'The computer screen froze.'라고도 많이 합니다. 'The computer is down.'이라고 해도 컴퓨터가 다운되었다는 말입니다.

[expression plus]

*데이터를 모두 잃다	lose all the data
*문제를 해결하다	fix the problem
*컴퓨터를 부팅시키다	boot up the computer
*컴퓨터를 재부팅시키다	reboot the computer

152위 굳이 고민할 필요가 없음을 언급할 때

So what?

A: So, is it that I'm strange?
B: If you are, so what? I like someone who has their own style.

*strange 이상한, 별난

뭐 어때?

A: 역시 내가 별난 건가?
B: 그렇다 치더라도 뭐 어때? 난 좋은데, 독특한 사람.

[해설]

뭔가에 신경 쓰고 고민하는 사람에게 '뭐 어때?'라고 말할 때는 간단히 'So what?'이라고 하면 됩니다. 'So what?'은 문맥에 따라서 '그래서 어쨌다고?'의 뜻으로 사용되어 '특별히 달라질 것은 없다'는 말로도 사용됩니다. 즉 'What's the difference?'의 의미로도 사용되니 문맥에서 잘 판단하여 활용하시면 되겠습니다.

[expression plus]

*난 신경 안 써 I don't care.
*너 자신을 믿어 Trust yourself.
*대범하게 생각해! Think big!

153위 상대방이 말을 답답하게 돌려 말할 때

Don't beat around the bush.

A: Don't beat around the bush. If you have something to tell me, just say it!
B: Alright. Then I will tell you directly, if you promise you won't get angry.

*bush 덤불, 수풀

말 빙빙 돌리지 마.

A: 말 빙빙 돌리지 마. 무슨 할 말 있으면 솔직하게(단도직입적으로) 말해!
B: 알았어. 그럼 내가 솔직하게 말해 준다. 듣고 나서 화내면 안 돼.

[해설]

핵심을 말하지 않고 빙빙 돌려 말할 때 'Don't beat around the bush.'라고 합니다. 여기서 bush는 '나무 덤불'을 말하는데 사냥꾼이 동물을 잡으려고 덤불 주위를 치던 것에서 유래했다고 합니다. 같은 표현으로 'Don't just drop hints.'가 있는데 '힌트만 주지 말고 핵심을 말하라'는 의미가 되겠습니다.

[expression plus]

*말 된다 It makes sense.
*핵심에 이르다 get to the point
*정곡을 찌르다 Hit the nail on the head.

154위 지나치게 겁이 많을 때

Don't be chicken!

A: I'm scared of the dark. Could you stay with me?
B: Don't be chicken!

*be scared of ~을 두려워하다

너 왜 이렇게 겁쟁이냐!

A: 어두움이 무서워. 내 곁에 있어주면 안돼?
B: 너 왜 이렇게 겁쟁이냐!

[해설]
겁쟁이를 나타내는 말에는 coward가 있지만 일상적인 대화에서는 chicken을 주로 사용합니다. 따라서 지나치게 겁이 많은 친구에게 'Don't be chicken!'이라고 하면 '왜 이리 겁쟁이냐!'라는 말이 됩니다. 비슷한 표현으로 'You are such a cry baby.'라고 해도 겁에 질려 우는 아기에 빗대어 겁이 많다는 것을 말하고 있습니다.

[expression plus]
*대범하다 have guts
*두려워하다 be afraid of
*겁먹고 떨다 tremble with fright

155위 평소에 늘 잘 하는 일이 없이 방해가 되는 사람에게

He is always like that.

A: He made another mistake. He's never worked seriously.
B: He is always like that. He's no different from his father.

늘 그런 식이지.

A: 그는 또 잘못했어. 그는 한 번도 진지하게 일해 본 적이 없어.
B: 늘 그런 식이지. 아버지보다 나을 리가 없지.

[해설]

평소에 잘하는 일 없이 방해되는 사람을 가리켜 '늘 그런 식이다'라고 하는데 이때 'He is always like that.'이라고 하면 됩니다. 또는 'He always does that.'도 같은 뜻으로 that은 특정한 일이라기보다는 그 사람이 평소 하던, 못마땅한 행위라고 보면 되겠습니다.

[expression plus]

*늘상 불평하다	complain all the time
*~하는 경향이 있다	tend to
*그는 항상 일을 대충한다	He cuts corners all the time.

156위 밤새도록 편안하게 잠을 자기 못했을 때

I tossed and turned all night.

A: Did you have a good night?
B: I tossed and turned all night. I don't know why, but I couldn't sleep.

*toss and turn 뒤척이다

밤새 뒤척였어.

A: 잘 잤어?
B: 밤새 뒤척였어. 왜 그런지 모르겠지만, 잠이 안오더라구.

[해설]

밤에 이리 저리 뒤척이는 것을 toss and turn이라고 합니다. 따라서 '밤새 뒤척였어'라고 말할 때는 과거시제를 써서 'I tossed and turned all night.'라고 하면 됩니다. 다른 표현으로는 'I had a rough night.'이 있습니다. 이와 반대는 'I had a good night's sleep.'이라고 하면 됩니다.

[expression plus]

*잠들다	fall asleep
*깊은 잠	deep sleep
*뒤척이면서 자는 잠	restless sleep
*잠을 한숨도 못자다	don't sleep a wink

157위 어떠한 동작을 강력하게 그만 두도록 요구할 때

Stop it!

A: You'll hurt someone. Stop it!
B: This is self-defence.

*self-defence 정당방위

그만해! (친구한테만 쓰는 말)

A: 사람 잡겠다. 그만해!
B: 이건 정당방위야.

[해설]
어떤 동작을 강력하게 그만 두도록 요구할 때 'Stop it!'하고 짧게 말할 수 있습니다. 매우 강한 표현이므로 친구지간에 쓰거나 매우 긴박한 상황에서 사용됩니다. 같은 뜻으로 'Cut it out!'이 있는데 '그만둬!'의 의미로 누가 괴롭히거나 정말 싫은 행동을 할 때 사용할 수 있습니다.

[expression plus]

*그만 좀 해!	That's enough!
*더 이상은 못 참아!	Enough is enough!
*별일이 아니다	It's no big deal.

158위 특별히 하는 일 없이 그저 밥이나 먹으며 하루하루는 지내는 사람을 가리켜

He isn't worth feeding.

A: He is a graduate student, but why he is incapable of doing something?
B: He isn't worth feeding. He can't do anything but talk.

*incapable of ~할 능력이 없는

그는 밥만 축낸다.

A: 그는 대학원생인데 왜 그렇게 할 줄 아는 게 없어?
B: 그는 밥만 축내, 아무것도 할 줄 모르면서, 말만 하는 사람이야.

[해설]

생산적인 일을 하지 않고 빈둥거리며 '밥만 축내는' 사람에 대해 'He isn't worth feeding.'이라고 할 수 있습니다. 여기서 be worth v-ing는 '~할 가치가 있다'의 뜻인데 not worth feeding은 '밥 먹을 가치가 없는'의 뜻이 되어 밥만 축낸다는 의미가 됩니다.

[expression plus]

*무기력한	lethargic
*밥 값 하다	earn one's bread
*나이 값 좀 해라!	Act your age!

159위 반복적인 연습으로 작업이 익숙해졌을 때

I'm getting the knack of it.

A: I'm getting the knack of it. So you can go like this.
B: Wow, you're doing quite well. As expected!

*knack 기술, 요령

슬슬 요령을 알 것 같아.

A: 슬슬 요령을 알 것 같아. 이렇게 하면 되는거구나.
B: 와, 잘한다. 역시!

[해설]

반복적인 연습으로 어떤 일에 익숙해지고 요령을 터득할 때 쓸 수 있는 표현은 'I'm getting the knack of it.'입니다. 즉, '점차 요령을 터득해 가고 있다'는 말인데, 여기서 knack는 '기술', '요령'의 뜻입니다. knack대신에 같은 의미의 hang을 사용하여 'I'm getting the hang of it.'이라고 해도 같은 뜻입니다.

[expression plus]

*그는 노련한 선수이다 He is a skilled player.
*연습이 완전하게 만든다 Practice makes perfect.
*그는 그것의 요령을 아는 것 같아 He seems to have the knack of it.

160위 일부러 하지 않았다고 말할 때

It wasn't intentional.

A: Did you do that to me intentionally this morning? You bastard!
B: It wasn't intentional. It was an accident.

*bastard 놈, 녀석 *intentional 의도적인

일부러 그런 게 아니었어.

A: 아침에 일부러 내게 그런 거야? 나쁜 자식!
B: 일부러 그런 게 아니었어. 우연이었다구.

[해설]

고의로 뭔가를 행한 경우 intentional이라고 합니다. 따라서 '결코 고의가 아니었다'고 말할 때는 'It wasn't intentional.'이라고 하면 됩니다. 또는 '그럴 의도가 아니었다'의 'I didn't mean to do it.'이라고 할 수 있습니다. 간접적으로는 'It was an accident.'로 의도한 것이 아닌 '우연이었다'고 말할 수 있습니다.

[expression plus]

*의도하다 intend to
*부주의하게 carelessly
*무심결에 unconsciously

161위 - 180위 순위

161위 무서워 죽을 뻔 했어.

162위 마음만 먹으면 뭐든지 할 수 있어.

163위 입장을 바꿔서 생각해 봐.

164위 내 성질 건드리지 마.

165위 이보다 더 좋을 순 없다.

166위 내가 만만하게 보여?

167위 저 사람은 인간이 왜 저래?

168위 다음번엔 꼭 참석할게.

169위 저 애는 내가 찍었어.

170위 내 입장이 정말 난처해.

171위 내 일은 내가 알아서 다 할거야.

172위 누가 네 성격을 받아주겠니.

173위 그래서, 내가 어떻게 하길 바라니?

174위 사랑(애정)이 식었어.

175위 타고 난 거야.

176위 나이 값 좀 해!

177위 너 완전히 딴 사람 같아.

178위 택시 잡을까?

179위 같은 걸로 주세요.

180위 노망났어?

161위 I was almost scared to death.

162위 You can do anything if you put your mind to it.

163위 Put yourself in my shoes.

164위 Don't get on my nerves.

165위 It couldn't be better.

166위 Do you think you can just order me around?

167위 What's wrong with him?

168위 I'll take a rain check on it.

169위 I put my name on her.

170위 My position is very uncomfortable.

171위 I will take care of my own business.

172위 No one should have to put up with that.

173위 So, what do you want me to do?

174위 Our love just cooled off.

175위 I am cut out for this.

176위 Act your age.

177위 You look like a totally different person.

178위 Shall we grab a taxi?

179위 I'll have the same.

180위 Are you losing your mind?

161위 영화 따위를 보고 극한 공포상황을 겪었을 때

I was almost scared to death.

A: Have you seen that new horror movie?
B: Yes. I was almost scared to death.

무서워 죽을 뻔 했어.

A: 그 새로 나온 공포영화 봤어?
B: 응, 무서워 죽을 뻔 했어.

[해설]

극한 공포상황을 겪었을 때 '무서워 죽을 뻔 했다'고 말합니다. 영어로는 'I was almost scared to death.'라고 합니다. 'I was scared out of my wits.'라고 하는데 여기서 wits는 '제정신'이라는 뜻이 있습니다. 즉, '너무 무서워서 제정신이 아닐 정도였다'의 의미가 됩니다.

[expression plus]

*소름이 끼치다 have goose bumps
*식은땀이 나다 break into a cold sweat
*공포로 떨다 shudder with fear

162위 자신의 마음이나 상대에게 용기를 북돋울 때

You can do anything if you put your mind to it.

A: I fail all the time, and I'm never successful.
B: You can do anything if you put your mind to it. Cheer up!

마음만 먹으면 뭐든지 할 수 있어.

A: 난 늘 실패했고, 성공은 단 한 번도 못했어.
B: 마음만 먹으면 뭐든지 할 수 있어. 힘내!

[해설]

우리말로 '마음을 먹다'에 해당하는 영어표현은 put one's mind to it입니다. 따라서 '마음만 먹으면 뭐든지 할 수 있다'는 표현은 'You can do anything if you put your mind to it.'이라고 하면 됩니다. 비슷한 속담으로 '뜻이 있는 곳에 길이 있다'는 말인 'Where there's a will, there's a way.'도 같은 의미를 전달해 줄 수 있습니다.

[expression plus]

*의지력	will power
*칠전팔기	If at first you don't succeed, try, try again.
*마음먹기 달렸다	Everything depends on your decision.

163위 남이 자신의 처지나 생각 등을 이해하지 못할 때

Put yourself in my shoes.

A: Why are you so hesitant? Is it that difficult to make a decision?
B: Of course. Put yourself in my shoes. It's not that easy.

*hesitant 주저하는 *make a decision 결정내리다

입장을 바꿔서 생각해 봐.

A: 왜 그렇게 망설이니? 선택을 내리는 게 그렇게 어렵니?
B: 그럼! 입장을 바꿔서 생각해 봐. 쉽지 않다는 걸 너도 알게 될 거다.

[해설]
상대방이 나의 처지를 잘 이해하지 못할 때 '입장을 바꾸어 생각해 봐'라고 말하는데, 영어로는 'Put yourself in my shoes.'라고 합니다. 'Let's try to understand each other's point of view.'도 '서로의 관점을 이해하려고 노력하자'의 의미로 비슷한 의미가 되겠습니다. '내가 어떤 상황인지 상상해 봐'의 'Imagine what I'm going through.'도 쓸 수 있습니다.

[expression plus]
*사려 깊지 못한 inconsiderate
*예의바른, 정중한 courteous
*남에 대한 배려가 깊다 be thoughtful of others

164위 불편한 심기로 인해 상대방에게 경고할 때

Don't get on my nerves.

A: What's wrong with you? Why stern face?
B: Don't get on my nerves. I'm in a bad mood.

*stern (표정이) 엄숙한, 험한

내 성질 건드리지 마.

A: 너 왜 이래? 왜 이런 표정이야?
B: 내 성질 건드리지 마, 나 지금 기분이 너무 나쁘거든.

[해설]

nerve는 기본적으로 '신경'을 의미하는데 '용기', '담력'등 다양하게 사용됩니다. 누군가 신경을 건드리고 화나게 하려 할 때 'Don't get on my nerves.'라고 할 수 있습니다. 간단하게는 'Don't bother me.'라고 해도 같은 의미가 됩니다. 만약 '그는 항상 내 신경을 건드려'라고 하려면 'He always gets on my nerves.'라고 하면 됩니다.

[expression plus]

*불안한, 초조한 nervous
*성마른 hot tempered
*화를 참다 hold one's temper

165위 매우 만족스러운 결과 또는 결과물을 보고

It couldn't be better.

A: Sir, are you satisfied with the schedule?
B: Yes. It couldn't be better.

이보다 더 좋을 순 없다.

A: 손님, 이런 일정은 마음에 드세요?
B: 네, 이보다 더 좋을 순 없어요.

[해설]

1990년대 잭 니콜슨 주연의 《이보다 더 좋을 순 없다》라는 영화가 있었습니다. 영화 제목은 *As Good As It Gets*로 '더 이상 좋아질 수 없는 최상급'이라는 의미입니다. 보다 일반적으로는 'It couldn't be better.'라고 하면 됩니다. 'I can't be beat.'라고도 할 수 있는데 can't be beat가 '최고'의 상태를 나타내는 표현입니다. 'The pasta in this restaurant can't be beat.' 라고하면 '이 식당의 파스타가 끝내준다.'는 말입니다.

[expression plus]

*더없이 행복한	blissful
*더없이 기쁜	happy as a lark (*lark 종달새)
*만세! (기쁨의 감탄사)	Hurray! [huréi]

166위 남들이 자신을 하찮게 여길 때

Do you think you can just order me around?

A: Could make us a cup of coffee?
B: Why do I get stuck with the coffee making?
Do you think you can just order me around?

내가 만만하게 보여?

A: 우리 커피 한 잔만 타줄래?
B: 왜 다들 나만 시켜? 내가 만만하게 보여?

[해설]

남들이 자신을 만만하게 보고 함부로 뭔가를 시키거나 할 때 'Do you think you can just order me around?'라고 할 수 있는데 여기서 order somebody around는 누구에게 이래라 저래라 하는 것을 말합니다. 또는 'Who made you the boss?'라고 해도 되는데 직역하면 '누가 널 두목으로 삼았냐'로 '내가 만만하게 보이냐'를 다르게 표현하고 있습니다.

[expression plus]

*두목 행세하는, 으스대는	bossy
*깔보다	look down on
*존경하다, 존중하다	look up to / respect

167위 어떤 사람의 됨됨이가 올바르지 못할 때

What's wrong with him?

A: What's wrong with him? He got angry with me for no reason.
B: It's not because of you. His girlfriend left him yesterday.

*get angry with ~에게 화내다

저 사람은 인간이 왜 저래?

A: 저 사람은 인간이 왜 저래? 오늘 이유도 없이 나한테 화를 내.
B: 너 때문이 아니야. 어제 저 사람의 여자 친구가 떠났거든.

[해설]

어떤 사람의 됨됨이가 바르지 못할 때 'What's wrong with him?'이라고 하면 '저 사람 왜 저래?'라는 뜻입니다. 즉, 그 사람은 뭐가 잘 못되어 저모양이냐는 의미입니다. 또는 'What's his problem?'라고 해도 되는데 '도대체 문제가 뭐 길래 저모양이냐?'의 뜻이 됩니다.

[expression plus]

*얼간이, 괴짜	nut
*짜증을 내나	be in a bad mood
*신경과민이다	be all nerves

168위 식사 초대 등을 거절할 때

I'll take a rain check on it.

A: Can you come to my house for dinner this Friday?
B: I'd love to, but I have a previous engagement.
I'll take a rain check on it.

*previous engagement 선약 *take a rain check 다음을 기약하다

다음번엔 꼭 참석할게.

A: 이번 금요일 우리 집에 와서 저녁 식사 같이 할래?
B: 가고 싶긴 한데 선약이 있어서. 다음번엔 꼭 참석할게.

[해설]

비가 와서 야구경기가 취소된 경우 표를 가진 사람들에게 다음 경기에 무료로 올 수 있도록 표를 주었는데 그것이 바로 rain check이었습니다. 이 말이 지금은 '연기하다', '다음을 기약하다'로 쓰입니다. 따라서 'I will take a rain check on it.'이라고 하면 '다음번엔 꼭 참석하겠다'는 말입니다.

[expression plus]

*다음 기회로 미뤄도 될까?	Can I take a rain check?
*기회는 많다	There are many chances.
*기회를 놓치지 말아라	Don't miss a chance.

169위 친구나 동료에게 자신이 맘에 담아둔 이성을 밝힐 때

I put my name on her.

A: I heard that you are chasing Julia. You are not the only one who likes her.

B: I put my name on her. Don't even think about asking her out.

*chase 쫓아다니다

저 애는 내가 찍었어.

A: 너 줄리아 쫓아다닌다며? 너만 걔 좋아하는 거 아니거든?

B: 저 애는 내가 찍었어. 넌 걔한테 데이트신청 꿈도 꾸지마.

[해설]

'그녀는 내거야' 라고 하려면 간단히 'She's mine.'이라고 하면 되는데, 좀 더 재미있는 표현은 'I put my name on her.'입니다. 말하자면 '내 이름을 붙여 놓았으니 그녀를 건드리지 말라'는 말입니다. 어떤 사물에 대해서도 동일하게 'I put my name on it.'이라고 하면 '내가 찜해 두었어'가 됩니다.

[expression plus]

*그녀는 임자 있어 She's spoken for.
*~와 친해지다 get friendly with
*서로 탐색전을 벌이다 They are checking each other out.

170위 당면하고 있는 상황이 자신이 어찌할 수 없게 난처할 때

My position is very awkward.

A: Why didn't you even say a word?
You don't help me even in a situation like this.
B: How can I say anything? My position is very awkward.

*uncomfortable 불편한, 난처한

내 입장이 정말 난처해.

A: 너는 왜 한 마디도 못해? 이런 상황에서도 날 안 도와주더라.
B: 내가 어떻게 얘기를 해? 내 입장이 정말 난처해.

[해설]
당면하고 있는 상황이 어찌하기 어려운 난처한 상황일 때 'My position is very awkward.'이라고 하면 됩니다. 좀 더 묘사적인 표현으로는 'I'm in hot water.'가 있는데 말 그대로 뜨거운 물속에 빠진 것처럼 안절부절 난처한 상황을 나타내고 있습니다.

[expression plus]
*어려운 상황 difficult situation
*복잡한 상황 complicated situation
*상황에 달려 있다 depend on the situation

171위 남의 참견이 마음에 들지 않을 때

I will take care of my own business.

A: How are things going? Are you okay?
Come to me anytime if you need any help.

B: Leave me alone. I will take care of my own business.

내 일은 내가 알아서 다 할거야.

A: 요즘 일 어때? 할 만해? 도움이 필요하면 나 찾아와.

B: 날 좀 그냥 내버려 둬. 내 일은 내가 알아서 다 할거야.

[해설]

어떤 것을 '돌보다', '처리하다'는 take care of를 사용합니다. 따라서 '내 일은 내가 할거다'라고 할 때는 'I will take care of my own business.'라고 하면 됩니다. '돌보다'의 뜻을 가진 표현으로 look after가 있는데, 이를 사용하여 'I can look after myself.'라고 해도 스스로를 돌본다는 말이니 결국 같은 의미가 되겠습니다.

[expression plus]

*일을 집에 가져가다	take work home
*보고서를 작성하다	write a report
*서류를 철하다	file the documents

172위 까다로운 상대의 성격을 뭐라고 할 때

No one should have to put up with that.

A: You have a bad temper. No one should have to put up with that.
B: Did I ask you to put up with me?

누가 네 성격을 받아주겠니.

A: 너 성질이 되게 나쁘다, 누가 네 성격을 받아주겠니?
B: 누가 너더라 받아달라고 했니?

[해설]

까다로운 성격의 상대에게 '누가 이런 성격을 받아주겠냐'라고 할 때 'No one should have to put up with that.'이라고 할 수 있습니다. 여기서 put up with이 '참다'의 뜻이고 that이 상대방의 까다로운 성격이라고 볼 수 있습니다. 또는 'Why would anyone want to expose themselves to that?'이라고 할 수 있는데 expose themselves는 직역하면 '자신을 노출시키다'인데 여기서는 그 '까다로운 성격을 받아주다(관여 하다)'가 되겠습니다.

[expression plus]

*낙천적인 ↔ 비관적인	optimistic ↔ pessimistic
*약점 ↔ 강점	weaknesses ↔ strengths
*내성적인 ↔ 외향적인	introvert ↔ extrovert
*사교적인 ↔ 비사교적인	sociable ↔ unsociable

173위 상대방에게 상대가 원하는 나의 결정을 물을 때

So, what do you want me to do?

A: Don't do it like that. That will only make things worse. It's not a good idea.

B: So, what do you want me to do then?

*make things worse 악화시키다

그래서, 내가 어떻게 하길 바라니?

A: 그렇게 하지마. 그러면 일이 더 엉망이 될 거야. 그건 정말 좋은 생각이 아니야.

B: 그래서, 내가 어떻게 하길 바라니?

[해설]

상대방에게 내가 어떻게 하길 바라는지 물을 때 'So, what do you want me to do?'라고 할 수 있습니다. '난 네가 그 계획을 수정하기 바래'라고 하려면 'I want you to change the plan.'이라고 말할 수 있습니다. 상대방의 의견을 물을 때 'What do you think I should do?'라고 해도 '내가 어떻게 해야 한다고 생각해?'로 같은 의미입니다.

[expression plus]

*~하는 것은 어때?	Why don't you~
*~하는게 좋겠다	You'd better~ (친한 사이 또는 아랫사람에게)
*~하는게 좋을 것 같다	I think you should~

174위 사랑하는 열의나 생각이 줄거나 가라앉았을 때

Our love just cooled off.

A: You have dated Mike for a long time, but why did you break up?
B: Our love just cooled off. I tried to fix the relationship, but it was useless. I couldn't help it.

사랑(애정)이 식었어.

A: 마이크와 사귄지 오래됐는데 왜 결국 헤어졌어?
B: 사랑(애정)이 식었어. 노력도 해보았지만 소용없었어. 어쩔 수 없었다구.

[해설]

사랑에도 유통기한이 있다고 하는데 처음과 달리 '애정이 식었다'는 말을 할 때는 'Our love just cooled off.'라고 할 수 있습니다. cool off는 말 그대로 '냉랭해지다'의 의미입니다. 또는 '점점 사이가 멀어졌다'는 것으로 애정이 식은 것을 표현할 때는 'We grew apart.'라고 하면 됩니다.

[expression plus]

*우리 그냥 사랑하게 해 주세요	Let us love each other.
*사랑이 밥 먹여주나?	Love doesn't pay the rent.
*결혼을 전제로 한 만남	meeting on the premise that they'll marry

175위 자신의 능력을 상대에게 뽐낼 때

I am cut out for this.

A: Wow, it's amazing. How come did you learn that so quickly?
B: I am cut out for this. Are you jealous?

타고 난 거야.

A: 와 대단하다. 어떻게 그렇게 빨리 배운거야?
B: 타고 난 거야. 부럽지?

[해설]

어떤 것을 잘할 때 '타고 났다'고 말합니다. 이때 쓸 수 있는 표현은 cut out for입니다. '~에 적합한'의 뜻으로 'I'm cut out for this.'는 '이것에 적임이다', '타고났다'의 뜻입니다. 보통 '난 이일에 적합하지 않아'의 부정의 의미로 많이 쓰여서 'I'm not cut out for this.'도 매우 유용하게 사용됩니다. 타고난 재능을 나타낼 때 'I'm natural at this.'도 잘 쓰입니다.

[expression plus]

* 타고난 재능	natural gift
* 신동	a child prodigy
* ~에 재능이 있다	be talented in

176위 나이답지 못한 행동을 하는 상대방에게

Act your age.

A: Act your age! That is so childish!
B: I know I'm mentally a kid. What can I do? I just like goofing off.

나이 값 좀 해!

A: 나이 값 좀 해! 어른답게 좀 굴라고.
B: 내가 좀 정신연령이 어리다는 거 나도 알아. 하지만 어쩌겠어. 난 그냥 노는 게 좋은 걸.

[해설]

나이답지 못한 행동을 하는 사람에게 '나이 값 좀 하라'고 하는데 영어로는 'Act your age!'라고 하는데 나이에 걸맞는 행동을 하라는 말입니다. 다른 표현으로는 'Grow up!'이 있는데 나이에 맞게 '좀 성숙해져라'의 의미가 되겠습니다.

[expression plus]

*철부지 노릇을 하다	act childish
*성숙한 ↔ 미성숙한	mature ↔ immature
*그는 나와 동갑이다	He is just my age.

177위 상대방의 외모 따위가 몰라보게 변했을 때

You look like a totally different person.

A: Wow, I just saw you a few months ago,
but you look like a totally different person.
B: I will tell you the secret. I had plastic surgery.

*plastic surgery 성형수술

너 완전히 딴 사람 같아.

A: 와우, 몇 달 안 봤더니 너 완전히 딴 사람 같아.
B: 슬며시 알려줄게, 난 성형수술을 했거든.

[해설]

상대방의 외모가 몰라보게 변했을 때 쓸 수 있는 표현은 'You look like a totally different person.' 입니다. 여기서 look like는 '~처럼 보이다'의 의미입니다. 이와 비슷하게 '못 알아 볼 뻔 했어'라는 식으로 'I almost didn't recognize you.'라고 표현해도 같은 의미를 전달할 수 있습니다.

[expression plus]

*코 성형수술 nose job
*얼굴 주름 제거술 face-lift
*쌍꺼풀 수술 eye job

178위 교통편을 선택할 때

Shall we grab a taxi?

A: It's pouring down. It will cost us just minimum fare.
So shall we grab a taxi?
B: Okay!

*minimum fare 기본요금 *grab 잡다

택시 잡을까?

A: 비 엄청 온다. 어짜피 기본요금인데 택시 잡을까?
B: 좋아!

[해설]
교통편 중에 '택시 잡는다'라고 할 때 '잡다'의 의미를 가진 grab을 사용할 수 있습니다. 따라서 'Shall we grab a taxi?'라고 하면 '택시 잡을까?'의 의미입니다. '택시 타자'의 의미로 표현하려면 'Let's take a taxi.'라고 하면 됩니다.

[expression plus]

*택시요금	taxi fare
*이태원까지 데려다 주세요	Could you take me to Itaewon?
*요금이 얼마죠?	How much is the fare, please?

179위 다른 사람과 같은 음식이나 물건을 원할 때

I'll have the same.

A: Can I take your order?
B: What did he order? I will have the same.

같은 걸로 주세요.

A: 뭘 드시겠어요?
B: 그 분은 무엇을 시켰죠? 저도 같은 걸로 주세요.

[해설]

우리나라 사람들은 식당에서 한 사람이 주문하면 '같은 것으로 주세요'하고 동일한 메뉴를 시키는 경향이 많습니다. 이때 쓰는 표현은 'I'll have the same.'입니다. 동일한 표현으로 'Make that two.' 또는 'The same for me.'이 있습니다.

[expression plus]

*메뉴가 별로 없다	The menu is a bit limited here.
*메뉴가 다양하다	The menu is quite extensive here.
*당신이 권하는 걸 먹겠다	I will follow your suggestion.

180위 엉뚱한 소리를 하거나 둔한 행동을 보이는 친구에게

Are you losing your mind?

A: Hmm... Is this street correct? Something looks strange.
B: What's the matter? Are you losing your mind? You use this road everyday.

*correct 정확한

노망났어?

A: 어라? 이쪽 길이 맞나? 뭔가 아닌 것 같은데.
B: 뭐야 왜 그래? 노망났어? 매일 지나다니는 길이잖아.

[해설]

평소와 다르게 엉뚱한 소리를 하거나 둔한 행동을 하면 '노망났어?'라고 핀잔을 주는데 영어로는 'Are you losing your mind?'라고 표현할 수 있습니다. lose one's mind는 '미치다', '실성하다'의 기본 뜻을 가지고 있습니다. 'Are you going crazy?'라고 해도 비슷한 뜻입니다.

[expression plus]

*길을 잃었어 I got lost.
*내가 길을 안내할게요 Let me show you the way.
*그는 길치이다 He has no sense of direction.

181위 - 200위 순위

181위 잘난 척 그만해!

182위 우린 천생연분이야.

183위 낯가림이 엄청 심해.

184위 흔들리면 안 돼.

185위 맘껏 드세요.

186위 아는 척 좀 그만했으면 좋겠어!

187위 그럴 기분이 아니야.

188위 분위기 파악을 못하는 것 같아.

189위 너무 상심하지 마.

190위 조금만 참고 견뎌봐.

191위 너 진짜 징하다.

192위 드디어 만나 뵙게 되어 영광입니다.

193위 내가 곁에 있어 줄게.

194위 지금 시비 거는 거니?

195위 낚였어.

196위 내가 계산할게.

197위 내가 사과할게요.

198위 네가 나한테 어떻게 그럴 수 있니?

199위 야, 친구 좋다는 게 뭐야?

200위 성형 수술 한 것 같지?

181위 Quit bragging!

182위 We are a match made in heaven.

183위 I am extremely shy of strangers.

184위 Don't chicken out now.

185위 Help yourself to anything you want.

186위 I wish he'd stop acting like a know-it-all.

187위 I'm not in the mood for it.

188위 He doesn't seem to consider his surroundings.

189위 Don't take it too hard.

190위 Hang in there a little longer.

191위 You don't give up, do you?

192위 It's an honor to meet you.

193위 I will stay with you.

194위 Are you trying to get on my nerves?

195위 He was scammed again.

196위 Let me take care of the bill.

197위 I apologize.

198위 How could you do that to me?

199위 Come on, what are friends for?

200위 She looks like she's had plastic surgery.

181위 대단하지도 않은 실력을 남에게 부풀려서 뽐내지 말라고 할 때

Quit bragging!

A: Do you know how to say it?
B: Of course. Need I remind you that I am the top student in the class?
A: Quit bragging! You got 10 points out of 20 in the last speaking test.

*remind 상기시키다 *brag 잘난체 하다

잘난 척 그만해!

A: 너 그거 어떻게 말하는지 알아?
B: 물론이지. 내가 우리 반 1등이라는 걸 굳이 말해야 되겠어?
A: 잘난 척 그만해. 지난번 말하기 시험 성적은 20점 만점에 겨우 10점 이었잖아.

[해설]

대단치 않은 실력을 뽐내는 사람에게 할 수 있는 말은 'Quit bragging!'입니다. 아시다 시피 quit 는 '그만두다'의 의미이고 brag가 '자랑하다', '허풍떨다'의 의미입니다. 같은 표현으로는 'Don't brag about yourself.'가 있습니다. '걔는 너무 잘난 척해'라고 하려면 'He's bragging about himself too much.'라고 하면 됩니다.

[expression plus]

*거만한	arrogant
*아주 철면피한	as bold as brass
*자기중심적인	self-centered

182위 하늘이 정해준 인연인 듯 연인 사이가 좋을 때

We are a match made in heaven.

A: You two have a lot in common. You are a good match.
B: Of course! We are a match made in heaven.

*have a lot in common 공통점이 많다

우린 천생연분이야.

A: 너희 둘 공통점이 왜 그렇게 많아? 정말 잘 어울린다.
B: 당연하지! 우린 천생연분이야.

[해설]

서로 걸 맞는 한 쌍을 match라고 합니다. 따라서 a match made in heaven은 '하늘이 맺어준 쌍'으로 '천생연분'을 의미합니다. 서로 천생연분임을 나타내는 같은 표현으로는 'We were made for each other.'또는 'We are perfect for each other.'가 있습니다. '둘은 서로 잘 맞지 않아'라고 하려면 'They are not a good match.'라고 하면 됩니다.

[expression plus]

*너희 둘이 사귀니?	Are you two dating?
*단지 친구사이이다	We are just friends.
*~를 알게 되다	get to know somebody

183위 낯선 사람을 대하기 어려워함을 표현할 때

I am extremely shy of strangers.

A: I am extremely shy of strangers. Sorry but could you come with me?
B: All right! But just this time.

*extremely 극도로 *stranger 낯선 사람

낯가림이 엄청 심해.

A: 나 낯가림이 엄청 심해. 미안한데 같이 와줄 수 있어?
B: 에휴! 이번만이야.

[해설]
낯가림이 심하다는 것은 낯선 사람을 대하기 어려워 한다는 말입니다. 따라서 '낯가림이 엄청 심하다'고 말할 때는 'I am extremely shy of strangers.'라고 하면 됩니다. 또는 'I am shy around strangers.'라고 해도 같은 뜻입니다.

[expression plus]

*서먹한 분위기를 깨다	break the ice
*유머가 있는	humorous
*쾌활한 사람	a cheerful person

184위 이미 내린 결정에 확신이 없어 고민할 때

Don't chicken out now.

A: Should I tell her how I feel about her?
B: Yes, do it. Don't chicken out now.

흔들리면 안돼.

A: 내가 그녀에게 내 감정을 고백 할까?
B: 응 그렇게 해. 지금 흔들리면 안 돼.

[해설]

무엇엔가 겁을 먹고 물러나는 것을 chicken out이라고 합니다. 따라서 'Don't chicken out now.'라고 하면 마음먹은 것에 대해 '지금 흔들리면 안돼.'라고 말하는 것입니다. 이것을 다르게 표현하면 'This is not the time to lose your resolve.'라고 할 수 있는데 '결심한 것을 포기할 때가 아니다'라는 말입니다.

[expression plus]

*수줍어하는	shy
*순진한	naive
*의지가 약한 사람	weak-willed person

185위 초대한 사람들에게 편하게 그리고 많이 드시라고 할 때

Help yourself to anything you want.

A: Help yourself to anything you want. Don't be shy.
Would you like to have more?

B: No thanks. It's delicious but I can't eat anymore. I'm literally full.

*literally 정말로, 글자 그대로

맘껏 드세요.

A: 맘껏 드세요. 너무 사양하지 마시고. 좀 더 드실래요?

B: 네, 감사 드려요. 정말 맛있는데 더 이상 못 먹겠어요. 배가 꽉 찼어요.

[해설]

초대한 손님에게 '맘껏 드세요.'라고 말할 때 쓸 수 있는 표현은 'Help yourself.'인데 좀 더 구체적으로 말하자면 'Help yourself to anything you want.'입니다. 같은 표현으로는 'You can have whatever you like.'가 있는데 '원하는 것은 무엇이든지 맘껏 드세요'의 의미입니다.

[expression plus]

*식탁 예절 table manner
*식사 잘 했습니다. I enjoyed your meal.
*커피를 어떻게 해드릴까요? How would you like your coffee?

186위 계속해서 유식한 척 떠들어대는 사람을 보고

I wish he'd stop acting like a know-it-all.

A: I wish he'd stop acting like a know-it-all! I'm tired of being with him.
B: Yeah, it's irritating.

*know-it-all 아는 체 하는 사람 *irritating 짜증나는

아는 척 좀 그만했으면 좋겠어!

A: 아는 척 좀 그만했으면 좋겠어! 같이 있으면 진짜 피곤해.
B: 왕 짜증나지.

[해설]

아는 척 하는 사람을 가리켜 know-it-all이라고 합니다. 따라서 '아는 척 좀 그만했으면 좋겠다'고 말할 때 'I wish he would stop acting like a know-it-all.'이라고 하면 됩니다. 여기서 act like는 '~처럼 행동하다'의 의미입니다. 'I wish he wouldn't act like such a know-it-all.'라고 해도 같은 뜻이 됩니다.

[expression plus]

*만물박사, 팔방미인 Jack of all trades.
*벼는 익을수록 고개를 숙인다 Still waters run deep.
*그는 여기저기 껴들기 좋아해 He likes to meddle in everything.

187위 어떤 원인으로 인해 마음이 편치 않을 때

I'm not in the mood for it.

A: Let's call our friends and go out for a drink. It'll be fun.
B: I failed the exam. I'm not in the mood for it.

*mood 감정, 분위기

그럴 기분이 아니야.

A: 친구들 불러서 한잔 하러 나가자. 재미있을 거야.
B: 난 오늘 시험에 떨어졌어. 그럴 기분이 아니야.

[해설]
어떤 기분 상태를 나타낼 때 mood를 사용하여 'I'm not in the mood for it.'라고 하면 상대방의 제안에 대해 '그럴 기분이 아니야.'라고 말하는 것입니다. '~할 기분이다'의 feel like를 사용하여 'I don't feel like it right now.'라고 해도 같은 표현이 됩니다. 만약 '춤추고 싶은 기분이야'라고 하려면 'I'm in the mood for dancing.'이라고 하면 됩니다.

[expression plus]
*듣고 보니 유감이다 I'm sorry to hear that.
*기운 내 Pull up yourself.
*지나간 일 What is done is done.

188위 엉뚱한 말만 하는 사람을 두고

He doesn't seem to consider his surroundings.

A: He doesn't seem to consider his surroundings.
B: You're right. It's really frustrating.

*surrounding 주위 상황

분위기 파악을 못하는 것 같아.

A: 그 사람 정말 분위기 파악을 못하는 것 같아.
B: 맞아, 정말 답답해.

[해설]

주위 상황을 고려하지 않고 엉뚱한 말을 하는 사람에 대해서 '분위기 파악을 잘 못하는 것 같다'고 합니다. 이때 쓰는 표현이 'He doesn't seem to consider his surroundings.'입니다. 즉 '주위 상황을 잘 고려하지 않는 것 같다'의 의미 인데 'He doesn't see what's going on.'과 같은 말입니다.

[expression plus]

*분위기 파악 좀 해라 Consider your surroundings!
*그건 상황에 따라 다르다 It depends on the situation.
*완전하게 하던가, 아님 말던가 해라 Do it properly, or not at all.

189위 마음 아파하는 사람을 위로할 때

Don't take it too hard.

A: I asked her out but she turned me down. I'm really bummed out.

B: Don't take it too hard. Everyone gets turned down sometimes.

*bummed out 실망한, 낙담한

너무 상심하지 마.

A: 그녀에게 데이트 신청했는데 퇴짜 맞았어. 정말 실망이야.

B: 너무 상심하지 마. 누구나 한두 번 퇴짜 맞잖아.

[해설]

어떤 일로 마음 아파하는 사람을 위로할 때 'Don't take it too hard.'라고 하면 '너무 상심하지 마.'라는 말입니다. 즉, 그 일에 대해 지나치게 심각하게 여기지 말라는 뜻인데요, 같은 표현으로 'Don't lose any sleep over it.'이 있습니다. 즉 그 일에 대한 걱정 또는 실망으로 잠 못 이루는 일이 없어야 한다는 말입니다.

[expression plus]

*참 안됐구나	That's too bad.
*그만 잊어버려	You have to move on.
*세상이 끝난 것도 아니잖아	It's not the end of the world.

190위 어려운 환경에 굴복하지 않고 버티기를 권할 때, 용기를 주기 위한 표현

Hang in there a little longer.

A: I can't stand it anymore. Why do we have to work late every-day?

B: Hang in there a little longer. Who knows? You may get to enjoy this work?

*stand 참다, 견디다 *work late 야근하다

조금만 참고 견뎌봐.

A: 더 이상 못 견디겠어. 왜 매일 야근을 해야 하지?

B: 조금만 참고 견뎌봐, 이 일을 좋아하게 될지도 모르잖아.

[해설]

어려움을 호소하는 상대에게 '참고 견뎌보라'고 용기를 줄 때 'Hang in there a little longer.'라고 할 수 있습니다. 여기서 hang in there가 '곤란을 견디다, 버티다'의 뜻입니다. 비슷한 표현으로는 '~에 충실하다'의 stick with을 사용한 'Try to stick with it a little longer.'가 있습니다.

[expression plus]

*근무의 / 비번의 (휴일의) on duty / off duty
*정규 근무시간 regular work hours
*야간 근무(근무자) night shift

191위 집요하게 물어보거나 따라올 때

You don't give up, do you?

A: Hey, let me know about it. I'm dying of curiosity.
B: You don't give up, do you? I've told you that it's nothing.

*curiosity 호기심

너 진짜 징하다.

A: 야, 좀 가르쳐줘. 궁금해 죽겠어.
B: 너 진짜 징하다. 정말 아무것도 아니라니까.

[해설]
집요하게 물어보거나 따라올 때 '너 징하다'라고 하는데 이 말은 포기하지 않고 끈질기게 물고 늘어진다는 말입니다. 따라서 영어로는 'You don't give up, do you?'라고 할 수 있습니다. 직역하면 '너 정말 포기 안하는구나, 그렇지?'가 됩니다. 'You don't take "No" for an answer.'라고 해도 같은 의미가 됩니다.

[expression plus]

*날 좀 내버려둬	Leave me alone.
*귀찮게 하지마	Don't bother me.
*저리 꺼져!	Go away!

192위 오랫동안 만나고 싶었던 사람을 만나게 되었을 때

It's an honor to meet you.

A: I heard about you a lot before, and I've always wanted to meet you. It's an honor to meet you.
B: Thank you. The pleasure is mine.

드디어 만나 뵙게 되어 영광입니다.

A: 와, 예전에 말씀을 많이 들었는데 너무 뵙고 싶었어요. 드디어 만나 뵙게 되어 영광입니다.
B: 감사합니다. 만나 뵙게 되어 기쁩니다.

[해설]

자신이 존경하는 인물이나, 유명인을 만나 만나게 되어 '만나 뵈어 영광이다'라고 말할 때 'It's an honor to meet you.'라고 할 수 있습니다. 'I'm honored to meet you.'로 표현해도 같은 말입니다. 상대방을 상당히 높이는 표현입니다.

[expression plus]

*호텔로 ~를 마중 나가다	pick somebody up at the hotel
*만나서 반가웠습니다	Nice meeting you.
*즐거운 시간 보내세요	Have a nice time.

193위 두려워하는 상대방을 안심시킬 때

I will stay with you.

A: I'm really scared of the surgery.
B: Don't worry. It will be okay. I will stay with you to the end.

*be scared of ~을 두려워하다 *surgery 수술

내가 곁에 있어 줄게.

A: 나 무서워, 수술이 너무 무서워.
B: 걱정 마, 잘 될거야. 내가 끝까지 곁에 있어 줄게.

[해설]

누군가와 함께 있는 것은 stay with을 써서 표현할 수 있습니다. 즉, '내가 곁에 있어주겠다'라고 할 때는 'I will stay with you.'라고 하면 됩니다. 그런데 이 말을 달리 표현하면 '내가 널 두고 다른데 가지 않겠다'는 말이므로 'I'm not going anywhere.'도 곁에 있어주겠다는 표현이 될 수 있습니다.

[expression plus]

*밝은 면은 보다 look at the bright side
*옆에서 돌봐 줄게 I will stick by you.
*긴장이 되다 get nervous

194위 공연히 결점을 찾아내어 트집을 잡을 때

Are you trying to get on my nerves?

A: Wait a minute. What did you say?
Are trying to get on my nerves?

B: You don't understand. I just told you that I hoped you would try harder.

지금 시비 거는 거니?

A: 잠깐. 아까 한 말 다시 해봐. 지금 시비 거는 거야?

B: 오해야. 난 그저 네가 좀 더 노력했으면 하는 의미에서 말한 것뿐이야.

[해설]

상대방이 공연히 트집을 잡아 신경을 건드릴 때 'Are you trying to get on my nerves?'라고 말할 수 있습니다. 여기서 try to는 '~하려고 하다'이고 get on one's nerves는 '신경질 나게 만들다'의 뜻입니다. 비슷한 표현으로 'Are you trying to start something?'가 있습니다. 여기서 start something은 '싸움의 씨앗을 뿌리다'의 의미입니다.

[expression plus]

*그래서 어쨌다 구?	So what?
*비난하다	criticize
*아무를 매도하다	curse at somebody

195위 그럴 듯한 속임수에 상대방이 걸려들었을 때

He was scammed again.

A: He was scammed again.
B: He is so gullible.

*scam 속이다, 편취하다 *gullible 속기 쉬운

낚였어.

A: 역시나 또 낚였어.
B: 역시 단순한 녀석이군요.

[해설]

scam은 '속이다'의 뜻으로 be scammed는 '속임수에 걸려들다', 즉 '낚이다'의 뜻입니다. 따라서 'He was scammed again.'라고 하면 '그가 또 걸려들었다'의 의미입니다. 같은 뜻을 나타내는 표현으로 'He fell for it as always.'가 있는데 fall for something이 '~에 속다', '매혹되다'의 의미입니다.

[expression plus]

*사기, 협잡 fraud
*네가 이겼다 You got me.
*속아서 그걸 샀다 I was tricked into buying it.

자신이 비용을 지불하고자 할 때

Let me take care of the bill.

A: Can you bring me the bill?
B: Don't pay for it. Let me take care of the bill.

내가 계산할게.

A: 계산서 좀 가져 다 주시겠어요?
B: 네가 내지마, 내가 계산할게.

[해설]
'Let me take care of the bill.'은 함께 식사한 후 자신이 비용을 지불하고자 할 때 쓸 수 있는 표현입니다. 여기서 'bill'은 '계산서'를 의미하고 'take care of'가 '처리하다'의 의미가 되겠습니다. 같은 표현으로 'I'll pay for it.'가 있습니다.

[expression plus]

*어디에서 계산하나요?	Where can I pay the bill?
*계산서 주세요	Please give me the bill.
*계산서가 틀린 것 같아요	The bill seems to be wrong.

197위 상대에게 미안함을 말할 때

I apologize.

A: I'm sorry I misunderstood you. I apologize.
B: That's okay. I don't care about it much.

*misunderstand 오해하다

내가 사과할게요.

A: 미안해요. 내가 당신을 오해했어요, 내가 사과할게요.
B: 괜찮아요. 저 개의치 않아요.

[해설]

상대방에게 사과할 때 일반적으로는 'I'm sorry.'라고 합니다. 하지만 매우 정중하게 사과표현을 할 때 'I apologize.'를 사용할 수 있습니다. 만약 사과의 이유까지 말하고 싶을 때, 예를 들어 '답신이 늦어 죄송합니다.'라고 하는 경우 'I apologize for the late reply.'라고 하면 됩니다.

[expression plus]

*정말 미안합니다	I'm terribly sorry.
*괜찮아요	That's all right.
*모두 제 잘못입니다	It's all my fault.

198위 자신에 대한 상대의 말이나 행동이 이해가 되지 않을 때

How could you do that to me?

A: I think we should break up. I don't think we're really cut out for each other.
B: How could you do that to me? Is there someone else?

*cut out for each other 서로 잘 맞다

네가 나한테 어떻게 그럴 수 있니?

A: 우리 헤어지자, 우린 잘 안 맞는 것 같아.
B: 네가 나한테 어떻게 그럴 수 있니? 다른 여자 생긴 거 아니야?

[해설]

상대방이 나에게 한 행동이 납득이 되지 않을 때 쓸수 있는 표현으로 'How could you do that to me?'가 있습니다. 말 그대로 '어떻게 나한테 그럴 수 있니?'하고 따지는 질문입니다. '취급하다', '대하다'의 treat를 사용하여 'How can you treat me like that?'이라고 해도 같은 뜻입니다.

[expression plus]

*너한테 실망했어	I'm disappointed with you.
*언성을 높이다	raise one's voice
*너 정말 심하게 군다	You are so mean to me.

199위 내가 도운 친구의 심적 부담을 덜어줄 때

Come on, what are friends for?

A: Thanks to you, we can call this project a success. If it had not been for your help, I couldn't have finished it in time. I will return the favor someday.

B: Don't mention it. Come on, what are friends for?

야, 친구 좋다는 게 뭐야?

A: 이번에 네 덕분에 일이 잘 됐어. 네가 없었다면 제 시간에 끝낼 수 없었을 거야. 꼭 보답할게.

B: 괜찮아, 야, 친구 좋다는 게 뭐야?

[해설]

내가 도와준 친구가 나에 대해 미안함을 느낄 때 보통 '야, 친구 좋다는 게 뭐냐?'라고 하는데 이때 쓸 수 있는 말이 'Come on, what are friends for?'입니다. 같은 표현으로 'You know what friends are for.' 또는 'That's what friends are for.'가 있습니다.

[expression plus]

*어려울 때 친구가 진짜 친구	A friend in need is a friend indeed.
*친구를 보면 그를 알 수 있다	A man is known by the company he keeps.

200위 외모에 대해 언급하며

She looks like she's had plastic surgery.

A: This actress looks like she's had plastic surgery.
B: Uh? She officially announced that she had a facelift. Didn't you know that?

*plastic surgery 성형 수술 *facelift 주름살 제거 수술

성형 수술 한 것 같지?

A: 이 여배우 성형 수술 한 것 같지?
B: 어머, 요전에 주름살 제거 수술 했다고 공식적으로 밝혔어. 몰랐어?

[해설]

성형 수술이 매우 보편화되어 얼굴이 달라 보이면 '성형수술 한 것 아니야?'하고 궁금해 하는데 이때 쓸 수 있는 표현이 'She looks like she's had plastic surgery.'입니다. 여기서 'looks like'는 '~처럼 보이다'의 의미입니다. 또 'she's had'는 'she has had'의 축약형으로 현재완료로 사용되었습니다.

[expression plus]

*가슴확대 수술	breast implants
*점을 빼다	remove moles
*얼굴이 달라 보여	She looks fake. (짙은 화장이나, 성형으로 달라 보일 때)

201위 - 220위 순위

201위 다리에 알 배겼어.

202위 이미 지나간 일이야.

203위 하늘만큼 땅만큼 사랑해.

204위 가위눌렸어.

205위 김이 빠졌네.

206위 기운이 하나도 없어.

207위 면목 없습니다.

208위 속이 조금 안 좋아.

209위 줄 서세요!

210위 눈이 부었어.

211위 손에 가시가 박혔어.

212위 빈둥거리지 마.

213위 내 자신이 한심해.

214위 재들은 단짝이야.

215위 그런 건 이미 이골이 난 사람이야.

216위 우린 서로 전기가 통했어.

217위 죄송합니다만, 성함을 제대로 못 들었네요.

218위 계속 연락하고 지내자.

219위 비교가 안 돼.

220위 한 귀로 듣고 한 귀로 흘려버려.

201위 My legs are stiff.

202위 That's water under the bridge.

203위 I love them to the moon and back.

204위 I had a terrifying nightmare last night.

205위 This soda has gone flat.

206위 I'm all tired out.

207위 I let you down.

208위 My stomach is little bit upset.

209위 Stand in line, please!

210위 My eyes are kind of puffy.

211위 I got a splinter in my hand.

212위 Don't goof off.

213위 I'm disappointed with myself.

214위 They are inseparable.

215위 I've gotten used to it.

216위 We felt electricity.

217위 Excuse me, but I didn't catch your name.

218위 Let's keep in touch.

219위 It can't even be compared.

220위 It goes in one ear and out the other.

201위 다리 근육이 뭉쳤을 때

My legs are stiff.

A: My legs are stiff because I exercised too much.
B: You should stretch out after exercising.

*stretch out 늘이다, 스트레칭하다

다리에 알 배겼어.

A: 난 오늘 너무 심하게 운동해서 다리에 알 배겼어.
B: 운동한 뒤에 스트레칭을 좀 해야지.

[해설]
근육이 뭉쳤을 때 '뻣뻣한', '경직된'의 'stiff'를 사용합니다. 즉, 다리 근육이 뭉친 경우 'My legs are stiff.'라고 하면 됩니다. 손발의 '경련'이나 '쥐'가 난 경우에 쓸 수 있는 cramp를 써서 'I have a cramp in my legs.'라고 하여도 근육이 뭉친 상태를 나타내는 비슷한 표현이 됩니다.

[expression plus]
*수영 중에 나는 쥐 bather's cramp
*온몸이 뻐근해 I'm stiff all over.
*근육을 풀어주다 relax (loosen up) the stiff muscles

202위 친구나 동료가 어떤 일로 힘들어 할 때

That's water under the bridge.

A: I hate Luke. I saw him with another girl right after he broke up with me.

B: That's water under the bridge. You need to let go of the past.

*let go of ~을 놓아주다

이미 지나간 일이야.

A: 난 루크가 미워. 나랑 헤어지자마자 딴 여자가 생겼어.

B: 이미 지나간 일이야. 너무 과거에 매달리는 거 아니야?

[해설]

친구가 이미 어떤 일로 인해 상심해 있을 때 '이미 지나간 일이다'라고 위로할 수 있습니다. 이 때 쓸 수 있는 표현은 'That's water under the bridge.'입니다. 즉 '다리 아래 물'처럼 이미 흘러간 것이니 더 이상 신경 쓰지 말라는 말입니다. 유사한 표현으로 'The past is in the past.'가 있습니다.

[expression plus]

*과거에 집착하지 마 Don't hang on to the past.

*다 잊어버려 Forget all about it.

*과거에 연연하지마 Don't dwell on the past.

203위 큰 사랑의 마음을 표현할 때

I love them to the moon and back.

A: Jane, do you love your father and mother? How much?
B: Yes. I love mom and dad to the moon and back.

하늘만큼 땅만큼 사랑해.

A: 제인, 네 아빠와 엄마를 사랑하니? 얼만큼?
B: 저는 우리 아빠와 엄마를 사랑해요, 하늘만큼 땅만큼.

[해설]

누군가에 대한 큰 사랑의 마음을 표현할 때 '하늘만큼 땅만큼 사랑한다'는 말을 하는데 이 때 love somebody to the moon and back을 쓸 수 있습니다. 부모님을 그렇게 많이 사랑하면 'I love my parents to the moon and back.'이라고 하면 됩니다. 또는 'I love them with all my heart.'도 같은 표현입니다.

[expression plus]

*그녀의 모든 것을 사랑하다	I love her to pieces.
*그를 죽도록 사랑하다	I love him to death.

204위 악몽을 꾸었을 때

I had a terrifying nightmare last night.

A: Are you okay? You look sick today.
B: I had a terrifying nightmare last night. I still have goose bumps.

*nightmare 악몽

가위눌렸어.

A: 괜찮아? 어디 아파 보이는데?
B: 어제 가위 눌렸어. 아직도 소름이 돋을 정도야.

[해설]
우리말로 '가위 눌렸다'고 할 때 영어로는 '악몽을 꾸었다'의 식으로 의역을 하게 됩니다. 따라서 '어제 가위 눌렸어'라는 말은 'I had a terrifying nightmare last night.'로 표현할 수 있는데 terrifying은 '무서운'의 뜻으로 nightmare를 강조하고 있습니다. 같은 표현으로는 'I had horrible dreams last night.'가 있습니다.

[expression plus]
* 잠버릇 a sleeping habit
* 잠꼬대 talking in one's sleep
* 해몽하다 interpret a dream

205위 탄산음료의 맛이 밍밍할 때

This soda has gone flat.

A: Why don't you drink Coke. Don't you like it?
B: It is not that I don't like it. It's gone flat, so I don't want to drink it.

김이 빠졌네.

A: 왜 콜라를 안 마셔? 콜라 안 좋아해?
B: 안 좋아하는 게 아니라, 이게 김이 다 빠져서 마실 수가 없어서 그래.

[해설]
보통 알콜이 들어가지 않은 청량음료를 soft drink라고 하는데 탄산음료를 soda라고도 합니다. 탄산음료의 탄산이 빠져나가 맛이 밍밍할 때 'This soda has gone flat.'이라고 할 수 있는데 flat이 '김빠진'의 의미입니다. 신선한 탄산수는 뚜껑을 열면 '쉬익'하고 거품이 이는데 이것을 fizzy라고 합니다. 따라서 'This soda pop isn't fizzy.'도 '김이 빠졌다'는 말입니다.

[expression plus]

*김빠진 맥주	stale beer
*소다수, 탄산수	sparkling water
*아이스 커피가 기운을 나게해	Ice coffee perks me up.

206위 몸이 몹시 아파 기력이 없을 때

I'm all tired out.

A: Are you sick? You don't seem to be in good condition.
B: I'm all tired out.

기운이 하나도 없어.

A: 어디 아프세요? 컨디션이 안좋아 보여요.
B: 온몸이 기운이 하나도 없어요.

[해설]

일반적으로 '피곤하다'고 할 때는 'I'm tired.'라고 하는데 몸이 몹시 아프거나 하여 정말 기력이 하나도 없을 때는 'I'm all tired out.'이라고 하면 됩니다. 같은 표현으로 'I'm completely exhausted.'가 있습니다.

[expression plus]

*기운이 다 떨어졌어	I'm all out of energy.
*완전히 녹초가 되었어	I'm totally worn out.
*번아웃 증후군 (극도의피로, 무기력상태)	burnout syndrome

207위 부끄러워 남을 대할 용기가 없을 때

I let you down.

A: It's nothing that you failed in the exam. It's not the end of the world. Let's go home.
B: I won't go home. I let my parents down.

면목 없습니다.

A: 시험에 떨어진 것은 별것 아니야, 세상이 끝난 게 아니라 구. 집에 가자.
B: 난 안 가. 우리 부모님을 뵐 면목이 없어.

[해설]

'면목이 없다'는 것은 상대방의 기대를 저버리고 실망시켰다는 말입니다. 따라서 '실망시키다'의 let down을 사용하여 'I let you down.'이라고 하면 상대방에 대해 '면목이 없다'는 말입니다. 'I'm so ashamed of myself.'라고 해도 같은 뜻이 되겠습니다.

[expression plus]

*날 실망시키지 마	Don't let me down.
*나에게 실망했니?	Are you disappointed with me?
*체면을 유지하다	preserve one's good standing

208위 소화가 되지 않아 더부룩하고 불편할 때

My stomach is little bit upset.

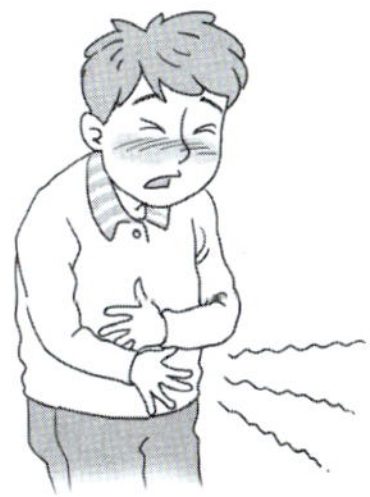

A: You don't look good. What's wrong?
B: My stomach is little bit upset. It aches. Maybe I ate too much at lunch.

속이 조금 안 좋아.

A: 표정이 안 좋은데? 어디 안좋아?
B: 속이 조금 안 좋아. 배가 아파. 점심 때 너무 많이 먹었나 봐.

[해설]

속이 더부룩하고 불편할 때 'My stomach is little bit upset.'이라고 하면 '속이 조금 안 좋다'고 말하는 것입니다. 약간 메스꺼운 듯 안 좋은 경우에 'I feel a bit nauseated.'이라고 하면 되는데 nauseated [nɔ́:zièitid]가 바로 '메스꺼운'의 뜻입니다.

[expression plus]

*배탈 upset stomach
*복통 stomachache
*토하다 throw up
*내시경검사 endoscopy

209위 질서유지를 위해 줄을 서라고 할 때

Stand in line, please!

A: Stand in line please! Don't just crowd in front of the counter.
B: I see. I will go stand in line.

*crowd 몰리다 *counter 창구

줄 서세요!

A: 줄 서세요! 창구 앞에 몰려있지 마세요.
B: 알았어요. 줄 서러 갈게요.

[해설]

매표소나 공연장 입장 등의 상황에서 질서 유지를 위해 '줄을 서라'고 할 때 'Stand in line, please!'라고 하면 됩니다. 여기서 줄을 서는 상태가 in line입니다. 더 간단하게 표현하려면 'Line up, please.'라고 말해도 됩니다. '이쪽으로 줄 서세요'라고 하려면 'Line up here, please.'라고 하면 되겠습니다.

[expression plus]

*새치기 하다 cut in line
*줄서서 기다리다 wait in line
*차례를 기다리세요 Please, wait your turn.

210위 너무 울거나 잠을 자서 눈가죽이 부풀어 올랐을 때

My eyes are kind of puffy.

A: Have you seen your eyes? What did you do last night?
B: I know that my eyes are kind of puffy.
It's because I watched a sad program and I cried all night.

*puffy 부풀어 오른

눈이 부었어.

A: 네 눈 봤어? 어젯밤에 뭐했어?
B: 응 알아, 눈이 부었어. 어제 슬픈 텔레비전 프로그램 보면서 밤새 울었거든.

[해설]

너무 울거나 해서 눈가죽이 부풀어 올랐을 때 'My eyes are kind of puffy.'라고 하면 '눈이 좀 부었다'는 말입니다. swollen을 써도 같은 뜻이 되는데 만약 상대방에게 '너 눈이 좀 부었다'고 할 때 'Your eyes are a little swollen.'이라고 할 수 있습니다.

[expression plus]

*멜로드라마	soap opera
*눈물을 짜게 하는 것	tear jerker
*눈이 피로하다	My eyes feel tired.
*눈이 충혈 되었다	My eyes are blood-shot.

211위 손에 가시 박혔을 때

I got a splinter in my hand.

A: Ouch! I got a splinter in my hand, and it hurts a lot.
B: Let me see it. I will take it out.

*splinter 깨진 조각, 가시

손에 가시가 박혔어.

A: 손에 가시가 박혔어, 아파 죽겠다.
B: 봐봐, 내가 빼 줄게.

[해설]
손에 가시가 박혔을 때는 '가시'를 나타내는 splinter를 사용하여 'I got a splinter in my hand.'라고 하면 됩니다. 'There's a splinter in my hand.'도 같은 뜻입니다. 종종 발에 가시가 박히는 경우가 많으므로, '발에 가시가 박혔다'고 말할 때는 'I've got a splinter in my foot.'이라고 하면 됩니다.

[expression plus]
*가시를 빼내다 take out a splinter
*유리조각 a splinter of glass
*산산이 깨지다 break into splinters

212위 아무 일도 하지 아니하고 게으름을 피우며 놀기만 하는 사람을 보고

Don't goof off.

A: Don't goof off! If you study harder, things will go better for you.
B: I will take care of my work, so you mind your own business.

빈둥거리지 마.

A: 빈둥거리지 좀 마! 더 열심히 공부하면 삶이 더 나아질거야.
B: 내 일은 내가 알아서 할 테니까 신경 꺼셔.

[해설]

goof는 '멍청이', '실수'라는 뜻 외에 '빈둥거리다' 뜻이 있습니다. 이때는 goof off라는 말로 표현을 합니다. 따라서 '빈둥거리지 마'라고 상대에게 말할 때 'Don't goof off.'라고 하면 됩니다. 결국 '시간을 낭비하지 마'라고 해도 같은 뜻인데 이때는 'Stop wasting time.'이라고 하면 됩니다.

[expression plus]

*게으름 피우지마	Don't be lazy.
*나태한	sluggish
*활동적인	active
*열정적인	energetic

213위 본인의 실력이나 모습에 부족함을 느껴 비참할 때

I'm disappointed with myself.

A: I have worked so hard, but I'm still not any good at it.
I'm disappointed with myself.

B: Don't be so hard on yourself.

*be hard on somebody ~를 심하게 대하다

내 자신이 한심해.

A: 그렇게 열심히 했는데 이것밖엔 안되다니 내 자신이 한심해.

B: 너무 그렇게 자책하지 마.

[해설]

살다보면 종종 스스로를 자책하는 일이 생기곤 합니다. 이때 '나 자신이 한심하다'라고 하는데 영어로는 'I'm disappointed with myself.'라고 할 수 있습니다. 즉 '스스로에 대해서 실망했다'는 말입니다. 같은 뜻으로 'I let myself down.'이라는 표현도 있으니 알아두면 좋겠습니다.

[expression plus]

*용기를 내 — Take courage!
*낙심하지 마 — Don't be discouraged.
*내 자신이 자랑스러워 — I'm proud of myself.

214위 서로 잘 통하는 친구들을 보고

They are inseparable.

A: Benjamin and Jerome do everything together.
They eat together, study together, and exercise together.
B: You're right. They are inseparable.

*inseparable 분리할 수 없는

쟤들은 단짝이야.

A: 벤자민과 제롬은 맨날 같이 있더라. 같이 밥먹고, 같이 공부하고, 같이 운동하고.
B: 그러게, 둘은 제일 친한 친구야. 쟤들은 단짝이야.

[해설]
뭐든지 함께 하는 단짝 친구는 떼어 놓을 수 없는 관계입니다. 즉 inseparable한 관계이므로 'They are inseparable.'이라고 하면 '쟤들은 단짝이야'라는 말입니다. 다시 말하면 '절친 관계'이므로 'They are best friends.' 또는 줄여서 'They are besties.'라고 해도 됩니다.

[expression plus]

*둘은 영원한 절친이야 They are BFFs. (*BFF: best friends forever)
*~와 친구가 되다 make friends with someone
*친구야 고맙다! Thanks, buddy!

215위 어떠한 행동이나 일상에 익숙해진 사람을 말할 때

I've gotten used to it.

A: If you don't like it, just say it.
B: Don't worry. I've gotten used to it.

*get used to ~에 익숙해지다

그런 건 이미 이골이 난 사람이야.

A: 싫으면 싫다고 확실히 말해.
B: 괜찮아. 그런 건 이미 이골이 난 사람이야.

[해설]

어떤 행동이나 일상에 익숙해진 경우 '이골이 났다'라고 합니다. 영어로는 '익숙해지다'의 get used to를 활용하여 'I've gotten used to it.'라고 표현할 수 있습니다. 같은 표현으로 'I'm used to it now.'라고 해도 됩니다. 앞에 것은 '익숙해지게 되었다'는 과정이 좀 더 표현되고 뒤엣것은 현재 익숙해져 있는 상태에 좀 더 초점이 맞춰져 있습니다.

[expression plus]

*혼자 먹는데 익숙해 (익숙함)	I'm used to eating alone.
*칼은 물건을 자르는데 사용된다 (수동태)	Knives are used to cut things.
*이곳에 오래된 나무가 있었어 (과거의 상태)	There used to be an old tree here.

216위 남녀 사이에 서로 호감을 느꼈을 때

We felt electricity.

A: Was that the first time you met?
You talked as if you had known each other for a long time.

B: You're right. We felt electricity when we first met.

*as if 마치 ~처럼

우린 서로 전기가 통했어.

A: 그때 너희들 처음 만났어? 이야기하는 모습이 진작부터 잘 알았던 사람들 같더라.

B: 그러게 말이야. 처음 만나자마자 우린 서로 전기가 통했어.

[해설]

남녀 사이에 서로 호감을 느꼈을 때 '전기가 통했다'고 말합니다. 이때 쓸 수 있는 표현은 'We felt electricity.'입니다. 유사한 표현으로 처음 만나 서로 마음이 잘 통하고 공감대가 형성이 된 경우에는 '공감대' '궁합'의 뜻을 가진 chemistry를 써서 'We have some chemistry.'라고 하면 됩니다.

[expression plus]

*잘 해나가다 hit it off well
*서로에게 푹 빠져있다 crazy about each other
*~가 싫어지다 get tired of somebody

217위 대화 중 상대방의 이름을 잘 듣지 못했을 때

Excuse me, but I didn't catch your name.

A: Excuse me, but I didn't catch your name. Could you say it again, please…

B: I'm Jay Smith. It's nice to meet you.

죄송합니다만, 성함을 제대로 못 들었네요.

A: 죄송합니다만 성함을 제대로 못 들었네요. 성함이...

B: 제이 스미스입니다. 만나서 반갑습니다.

[해설]

대화 중 상대방의 '이름을 잘 듣지 못했다'고 할 경우 'Excuse me, but I didn't catch your name.'라고 말할 수 있습니다. 만약 '성함이 뭐라고 하셨죠?'라고 직접 다시 묻는 경우에는 'What was your name again?'이라고 하면 됩니다.

[expression plus]

*성함의 철자가 어떻게 되나요?	How do you spell your name, please?
*명함을 가지고 계시나요?	Do you have your business card with you?

218위 친구끼리 지속적인 교류 및 관계유지를 원하며

Let's keep in touch.

A: This is my phone number. Let's keep in touch.
B: Sure. I will call you when I have time.

계속 연락하고 지내자.

A: 이게 내 전화번호야. 계속 연락하고 지내자.
B: 그래, 시간 나는 대로 전화할게.

[해설]

친구끼리 지속적인 교류를 하는 것을 keep in touch라고 합니다. 따라서 '계속 연락하고 지내자'라는 말은 'Let's keep in touch.'입니다. 같은 표현으로 'Keep me posted.'가 있는데 '소식 계속 전해줘'의 뜻으로 결국은 계속 연락하자는 동일한 의미가 됩니다.

[expression plus]

*연락처	contact information
*어떻게 연락할까?	How can I contact you?
*~와 연락이 안되다	can't get a hold of somebody

219위 비교할 수도 없을 정도로 차이가 많이 날 때

It can't even be compared.

A: Our house and his house can't be compared.
B: His family is very wealthy.

*be compared 비교되다 *wealthy 부유한

비교가 안 돼.

A: 우리 집이랑 걔네 집은 비교가 안 돼.
B: 걔네 집은 부자잖아.

[해설]

비교할 수 없을 정도로 차이가 날 때 '비교가 안 돼'라고 합니다. 일반적으로는 'It can't even be compared.'라고 하면 됩니다. 대화 내용처럼 두 가지 비교 대상을 넣으려면 it 대신에 'A and B'를 집어넣으면 됩니다. 'It is in a different league althogether.'라고 해도 '완전히 차원이 달라 비교가 안 된다'는 말입니다.

[expression plus]

*그의 집을 우리 집과 비교하다	compare his house with our house
*잠자는 것을 죽음에 비유하다	compare sleep to death
*은수저를 물고 태어나다	be born with a silver spoon in one's mouth

220위 남의 말을 귀담아듣지 아니한다는 말

It goes in one ear and out the other.

A: Peter never listens to other people's opinions.
B: You're right. It goes in one ear and out the other.

한 귀로 듣고 한 귀로 흘려버려.

A: 피터는 남의 의견을 전혀 듣질 않아.
B: 그러게 말이야, 걔는 한 귀로 듣고 한 귀로 흘려버려.

[해설]

남의 말을 귀담아 듣지 않는 경우 '한 귀로 듣고 한귀로 흘려버린다'고 하는데 영어로는 'It goes in one ear and out the other.'라고 합니다. 상대방이 이렇게 내 말을 귀담아 듣지 않으면 그와 진지하게 논의할 수 없습니다. 따라서 'You just can't reason with him.'도 같은 의미로 쓰일 수 있습니다.

[expression plus]

*~에 집중하다	pay attention to
*그의 말은 흘려버려	Don't listen to him.
*얘기가 안 통하네요	We are on different wavelength.

221위 - 240위 순위

221위 어리광 부리지 마.

222위 시간 좀 내줄 수 있어요?

223위 버스는 이미 지나갔어.

224위 얼굴 빨개지는 거 보니 맞구만.

225위 이게 말이 돼?

226위 벌써 월급 다 써 버렸어.

227위 우린 손발이 척척 맞아.

228위 내 나름대로는 열심히 했어.

229위 모르기는 나도 마찬가지야.

230위 그녀를 애타게 만들어야 해.

231위 그건 그렇다 치고, 우릴 좀 도와줄 순 있잖아.

232위 너 반드시 후회하게 될 거야.

233위 괜한 사람 잡지 마.

234위 걔들 진짜로 사귀기로 한 거니?

235위 좀 깎아 주시겠어요?

236위 놀라 자빠지는 줄 알았어.

237위 제가 생각했던 것보다 비싸요.

238위 내 스타킹 올이 나갔어.

239위 너 아직도 나에게 꽁하고 있니?

240위 돈 엄청 벌었나 봐.

221위 Don't be such a baby.

222위 Do you have a minute to spare?

223위 You missed the boat.

224위 Judging from your the color of your cheeks, it is true.

225위 Does that make sense?

226위 I've spent my whole paycheck already.

227위 We are on the same wavelength.

228위 I did my best.

229위 I'm not familiar with it either.

230위 I want to keep her in suspense.

231위 Be that as it may, I believe you can still help us.

232위 You will regret it.

233위 You are way off.

234위 Did they really decide to go steady?

235위 Can you give me a discount?

236위 I nearly jumped out of my skin.

237위 It's more expensive than I expected.

238위 I got a run in my nylons.

239위 Are you still mad at me?

240위 Business must be booming.

221위 어른스럽지 못하게 행동할 때

Don't be such a baby.

A: Buy me these earrings. If you don't, I will pout.
B: Don't be such a baby. I won't do it this time.

*pout 입을 삐죽거리다, 토라지다

어리광 부리지 마.

A: 나 이 귀걸이 사줘. 안 사주면 삐질거야.
B: 어리광 부리지 마. 이번에는 소용없어.

[해설]

성인이라도 어리광을 부리는 경우가 있는데 일부러 마치 아이처럼 행동하는 것을 말합니다. 따라서 'Don't be such a baby.'라고 하면 '어리광 부리지 마'라고 하는 것입니다. 'Don't act like a baby.'라고 해도 같은 뜻입니다. '어리광 부리고 있네!'라고 하려면 'You are acting like a baby!'라고 하면 됩니다.

[expression plus]

*어른스럽게 행동하다 act like a grown-up
*나이에 비해 어른스럽다 look mature for one's age

222위 짬을 내어주기를 원할 때

Do you have a minute to spare?

A: Boss, do you have a minute to spare?
B: Sure, why don't you go to the seminar room first?
I have to make a call, but then I'll be right with you.

*make a call 전화 걸다 *spare 떼어두다, 할애하다

시간 좀 내줄 수 있어요?

A: 사장님, 시간 좀 내줄 수 있어요?
B: 너 먼저 세미나실에 가 있어, 나 전화 한 통 하고 갈게.

[해설]

상대방이 짬을 내 주기 원할 때는 'Do you have some time to spare?'라고 합니다. 여기서 time to spare가 상대방을 위해 '할애할 수 있는 시간'입니다. '시간 내다'를 의미하는 표현으로 make time이 있습니다. 따라서 'Can you make some time?'도 같은 뜻입니다.

[expression plus]

*여가 spare time
*시간이 충분하다 have enough time
*시간이 부족하다 have no time to lose

223위 기회를 이미 놓쳤다는 말

You missed the boat.

A: I could kick myself. I lost such a great opportunity!
B: You missed the boat. It's no use crying over spilt milk.

*kick oneself 자책하다 *opportunity 기회

버스는 이미 지나갔어.

A: 너무 아쉽다! 그런 좋은 기회를 놓치다니.
B: 버스는 이미 지나갔어. 더 이상 말해봤자 소용없어.

[해설]

좋은 기회를 놓쳤을 때 우리는 보통 '버스가 이미 떠났다'라고 표현합니다. 영어로는 단순하게 'You missed the boat.'라고 표현할 수 있습니다. '기회가 사라졌다'의 의미로 'The chance is gone.'이라고 해도 같은 뜻입니다. 속담으로는 '엎질러진 물'이라고 하는데 대화문의 'It's no use crying over spilt milk.'가 바로 그 표현입니다.

[expression plus]

*이미 늦었다 It's too late.
*기회를 엿보다 wait for a chance
*또 기회가 있을 거예요 There will be another chance.

224위 정곡을 찌르는 말에 얼굴 붉히는 친구를 보며

Judging from your the color of your cheeks, it is true.

A: I said no!
B: Judging from the color of your cheeks, it is true.
When did you start liking him?

*judging from ~으로 판단해 보건데 *cheek 뺨, 볼

얼굴 빨개지는 거 보니 맞구만.

A: 아니라니깐!
B: 얼굴 빨개지는 거 보니 맞구만. 언제부터 좋아하게 된거야?

[해설]

감추고 싶은 사실에 대해 상대가 정곡을 찌르면 얼굴이 빨개집니다. 그러면 상대는 '얼굴이 빨개지는 거 보니 맞네'라고 하는데 얼굴색으로 판단을 할 수 있다는 말입니다. 따라서 영어로는 'Judging from the color of your cheeks, it is true.'라고 할 수 있습니다.

[expression plus]

*얼굴 빨개졌네	You are blushing.
*너 들켰어	It's giving you away. (give away 폭로하다, 드러내다)
*사실대로 말해	Tell me the truth.

225위 부당한 상황이나 어처구니없는 상황을 겪었을 때

Does that make sense?

A: I worked really hard on this but I forgot the due date. Does that make sense?

B: That's why you couldn't present your work!

*due date 마감 날짜 *make sense 일리가 있다

이게 말이 돼?

A: 고생해서 했는데 마감 날짜를 잘못 알고 있었어. 이게 말이 돼?

B: 그래서 결국 출품 못했구나!

[해설]

어처구니없는 상황을 겪었을 때 흔히 '이게 말이 돼?'라고 반문합니다. 영어로는 'Does that make sense?'라고 하면 되는데 make sense가 '말이 되다', '일리가 있다'는 뜻입니다. 반대로 '그거 말 되네'라는 표현은 'That makes sense.'라고 할 수 있습니다.

[expression plus]

*이거 마감이 언제지? When is this due?
*내가 너무 바보 같았어 I was so stupid.
*어떻게 그걸 잊어버리지? How could I forget that?

226위 며칠 사이에 받은 월급을 다 써버렸을 때

I've spent my whole paycheck already.

A: I've spent my whole paycheck already. Can you lend me some money?
B: Already? How are you going to survive from now on?
I'm sorry but I don't have enough money since it's the end of the month.

*paycheck 봉급　　*lend 빌려주다

벌써 월급 다 써 버렸어.

A: 나 돈이 바닥났어, 돈 좀 빌려줄래?
B: 벌써 월급을 다 써버렸어? 너 이제 어떡할래? 미안하지만 월말이라 나도 여유가 없어.

[해설]

받은 월급을 금새 다 써버렸을 때 할 수 있는 표현으로는 'I've spent my whole paycheck already.'가 있습니다. have spent의 현재완료형으로 표현하여 현재 돈이 남아있지 않음을 나타내고 있습니다. 'I've used up this month's salary already.'라고 해도 같은 표현입니다.

[expression plus]

*월급에 만족하다　　be satisfied with one's salary
*쥐꼬리 월급　　chicken feed
*복리후생　　employee benefits

227위 호흡이 잘 맞는 사람끼리

We are on the same wavelength.

A: The marketing was really successful this time.
It is all because of you two.

B: We are on the same wavelength.
That's the secret of our success.

*wavelength [물리학] 파장, [비유적] 사고방식

우린 손발이 척척 맞아.

A: 이번 판매 활동은 정말 잘 됐어, 너희 둘 덕분이야

B: 우린 손발이 척척 맞아, 이게 바로 성공의 비결이야.

[해설]

두 사람의 생각이 비슷하고 손발이 잘 맞는 경우에 'We are on the same wavelength.'라고 말할 수 있습니다. wavelength는 원래 물리학에서 '파장'을 의미하는데 비유적으로 '사고방식'을 말하기도 합니다. 'We think alike.' 도 비슷한 의미로 사용될 수 있습니다.

[expression plus]

*직장동료 co-worker / colleague
*협력, 팀워크 teamwork
*~와 잘 지내다 get along well with somebody

228위 자신의 입장에서 최선을 다 했을 때

I did my best.

A: Heaven only knows whether we'll succeed. I did my best, though.

B: What is important is that you put your heart into it. Nobody can fault you for not trying hard enough.

*fault 흠을 잡다, 비난하다

내 나름대로는 열심히 했어.

A: 이번에 성공할지 못할지는 하늘에 달려 있다, 내 나름대로는 열심히 했어.

B: 중요한 건 성심을 다했다는 거야. (실패해도) 열심히 안했다고 너를 나무라는 사람 없을 거야.

[해설]

어떤 일에 대해 나름대로 최선을 다 했을 때 쓰는 표현은 'I did my best.'입니다. 다르게 표현하면 '나의 마음을 그것에 두고 성심껏 했다'는 말인데 이때 'I put my heart into it.'라고 말할 수 있습니다.

[expression plus]

*최선을 다 하겠습니다	I will do all I can do.
*최선을 다했습니까?	Did you do your best?
*결과에 신경 쓰지 마세요	Don't worry about the result.

229위 상대방과 같이 나도 정확한 지식이 없을 때

I'm not familiar with it either.

A: I have no idea about how to do this work. What should I do?
B: I'm not familiar with it either. Let's take our time with it.

*be familiar with ~에 익숙한, 잘 아는

모르기는 나도 마찬가지야.

A: 이번의 일에 대해서는 정말 하나도 모르거든, 어떻게 해야 돼?
B: 모르기는 나도 마찬가지야. 천천히 하자.

[해설]

어떤 일에 대해 상대방과 마찬가지로 나도 정확히 알지 못할 때, 'I'm not familiar with it, either.'라고 할 수 있습니다. '나도 그것에 익숙하지 않다' 즉, '잘 모른다'의 의미가 됩니다. 좀 더 직접적으로 'I don't know much about it either.'라고 해도 같은 뜻입니다.

[expression plus]

*초보자 novice / beginner / apprentice
*전문가 expert / professional / specialist
*~에 정통한 be well acquainted with / be well versed in

230위 연인 사이에 밀고 당기기를 해야 한다고 할 때

I want to keep her in suspense.

A: Haven't you been chasing her for a long time?
Why don't you even text her these days?

B: I want to keep her in suspense.

*suspense 긴장감, 서스펜스

그녀를 애타게 만들어야 해.

A: 너 걔 쫓아다닌 지 꽤 되지 않았니? 근데 왜 그녀한테 문자 한통도 안 보내?

B: 그녀를 애타게 만들어야 해.

[해설]

연인 사이에 밀고 당기기를 하며 서로 긴장감을 주면서 애타게 만들 때 suspense라는 말을 사용할 수 있습니다. 이것은 어떤 것이 허공에 매달려 있는 조마조마하고 긴장감이 있는 상태를 의미합니다. 따라서 'I want to keep her in suspense.'라고 하면 '그녀를 애타게 만들려고 한다'의 의미가 됩니다.

[expression plus]

*조마조마하게 기다리다	wait in suspense
*조바심 나게 하지마라	Don't leave me in suspense.
*연애 따로 결혼 따로	Love is one thing and marriage is another.

231위 최선의 조건은 아니라도 도와 달라고 요청할 때

Be that as it may, I believe you can still help us.

A: I'm sorry but I'm not an expert in that field.
B: Be that as it may, I believe you can still help us.

*field 분야

그건 그렇다 치고, 우릴 좀 도와줄 순 있잖아.

A: 미안하지만 난 그 분야의 전문가가 아니야.
B: 그건 그렇다 치고, 우릴 좀 도와줄 순 있잖아.

[해설]

사유야 어떻든 간에 도와 달라고 할 때 '그건 그렇다 치고'라고 말하게 됩니다. 'Be that as it may, I believe you can still help us.'라고 하면 '그건 그렇다 치고, 좀 도와줄 수 있잖아'의 뜻입니다. 친구가 나를 돕기 좀 어려운 상황이라고 핑계를 댈 때, 'I understand, but can you help me anyway?'라고하면 '그건 그렇다 치고 좀 도와주면 안 돼?'입니다.

[expression plus]

*난 상관 안 해	I don't care.
*이건 나와 상관없다	This has nothing to do with me
*(도움이 될 거라고) 장담할 순 없다	I can't promise anything.

232위 잘못된 결정을 내리려는 사람을 설득할 때

You will regret it.

A: I have decided to quit my job.
B: You will regret it. I think you should reconsider.

*reconsider 재고하다

너 반드시 후회하게 될 거야.

A: 난 이 일을 그만두기로 마음먹었어.
B: 너 반드시 후회하게 될 거야. 더 잘 생각해 봐.

[해설]

잘못된 결정을 내리려는 사람을 설득할 때 '후회 할 거라'고 말하며 말립니다. 이때 쓸 수 있는 표현은 'You will regret it.'입니다. 또는 '나중에 자책하게 될 것이다'의 의미로 후회할 것임을 말할 때는 'You will kick yourself later.'라고 할 수 있습니다.

[expression plus]

*정말 후회 됩니다 I really regret it.
*후회해도 때는 늦었다 It's too late for regrets.
*훈계하지 마 Stop lecturing!

233위 잘 알지도 못하면서 섣불리 말할 때

You are way off.

A: Why are you talking about Scott again? You are way off.
B: But you saw it yourself! Those two came in together.

괜한 사람 잡지 마.

A: 넌 왜 또 스콧 얘기를 하니? 괜한 사람 잡지 마.
B: 근데 너도 분명히 봤잖아, 걔네들 같이 나가는 거.

[해설]
정확하게 알지도 못하면서 섣불리 누군가에 대해 말할 때 'You are way off.'라고 할 수 있습니다. 여기서 way off는 '완전히 틀리다'는 말입니다. 즉, '괜한 사람 잡지 마'의 의미입니다. 이것을 좀 더 구체적으로 표현하면 'I think you are wrong about him.'입니다.

[expression plus]
*어림짐작으로 대답하지 말아라 Don't answer by guessing.
*확실한 증거가 있기 전에 섣불리 지적하지 말아라 Don't point fingers until you have more evidence.

234위 그들의 교제 사실이 궁금할 때

Did they really decide to go steady?

A: They have been dating for a whole month!
B: I know. But did they really decide to go steady?

*go steady 지속적으로 사귀다

걔들 진짜로 사귀기로 한 거니?

A: 쟤들 한 달 내내 매일 데이트하고 있잖아!
B: 나도 알아. 근데 걔들 진짜로 사귀기로 한 거니?

[해설]

어떤 두 사람이 지속적으로 사귀는 것을 go steady라고 합니다. 따라서 'Did they really decide to go steady?'라고 하면 '둘이 정말 사귀기로 한 거니?'라는 뜻입니다. 비슷한 표현으로 '둘이 정말 커플이 됐어?'의 의미인 'Are they really a couple?'가 있습니다.

[expression plus]

*~와 깊은 관계이다	have a close relationship with
* ~를(~의 말을) 진지하게 대하다	take someone seriously
*~를 차버리다	dump somebody

235위 가격 할인을 원할 때

Can you give me a discount?

A: Can you give me a discount?
B: I'm sorry, but this is a new product, so I can't give you a discount.

*give a discount 할인해 주다

좀 깎아 주시겠어요?

A: 좀 깎아 주시겠어요?
B: 죄송한데 이게 신상품이에요, 깎아 드릴 수 없어요.

[해설]

물건을 구입할 때 가격 할인을 원하는 경우 잘 아시다시피 '할인해 주다'의 give a discount를 사용하여 'Can you give me a discount?'라고 합니다. 'Can I get a discount?'라고 해도 같은 표현이 됩니다.

[expression plus]

*면세의	duty-free
*굉장히 싸게 샀네요	What a deal!
*얼마까지 깎아 줄 수 있나요?	How much can you go?
*더 이상 깎아 줄 수 없어요	This is my final price.

236위 너무 놀라서

I nearly jumped out of my skin.

A: You scared me! I nearly jumped out of my skin.
B: Ha ha! Happy birthday!

놀라 자빠지는 줄 알았어.

A: 깜짝이야! 너 때문에 놀라 자빠지는 줄 알았어.
B: 하하, 생일 축하해!

[해설]

갑작스레 너무 놀란 경우에 할 수 있는 재미있는 표현으로 'I nearly jumped out of my skin.'이 있습니다. 직역하면 '놀라 펄쩍뛰어 껍질(피부) 밖으로 나올 지경'이었으니 매우 놀란 상황을 묘사적으로 표현하고 있습니다. 같은 표현으로 'I was caught by surprise.'도 놀란 상황을 말해주고 있습니다.

[expression plus]

*깜짝 파티	surprise party
*기가 막히다	be stunned
*왜 그렇게 놀라죠?	Why are you so surprised?

237위 예상했던 가격보다 비쌀 때

It's more expensive than I expected.

A: Hello. The kitchen furniture set you see now is 150 dollars.
B: Yes? 150 dollars? It's more expensive than I expected.

제가 생각했던 것보다 비싸요.

A: 안녕하세요. 손님께서 지금 보고 계시는 이 부엌가구 세트 판매 가격은 150 달러입니다.
B: 네? 150 달러요? 제가 생각했던 것보다 비싸네요.

[해설]

물건 값이 예상했던 가격보다 비쌀 때는 'It's more expensive than I expected.'이라고 말합니다. 비교급 'more A than B'는 'B 보다 A하다'의 의미입니다. 또는 'It costs more than I thought.'라고 해도 같은 뜻입니다.

[expression plus]

*이 물건 좋아 보이네요	This looks really good.
*가격은 표시된 대로입니까?	Is the price as marked?
*나한테는 너무 비싸네요	This is out of my price range.

238위 여성용 양말에 올이 나갔을 때

I got a run in my nylons.

A: What are you doing in the restroom? Do you have a problem?
B: I got a run in my nylons! I'm trying to fix them.

내 스타킹 올이 나갔어.

A: 화장실 안에서 뭐해? 무슨 문제라도 있는 거야?
B: 내 스타킹 올이 나가서 손 좀 보고 있어.

[해설]

여성용 스타킹에 올이 나갔을 때 a run이라고 합니다. 스타킹의 올이 나가면 동그란 구멍 보다는 '연속적인 긴선'으로 올이 나기 때문으로 볼 수 있습니다. 또 여성용 스타킹은 stocking이라고도 하지만 nylons라고 많이 합니다. 따라서 '스타킹 올이 나갔다'고 할 때는 'I got a run in my nylons.' 또는 'There's a run in my nylons.'라고 하면 됩니다.

[expression plus]

*팬티	underpants / drawers
*운동복	sweat suit
*와이셔츠	dress shirt
*속치마	slips
*카디건	cardigan

239위 상대방이 나에게 속으로만 언짢고 서운하게 여기고 있을 때

Are you still mad at me?

A: Why aren't you talking to me. Are you still mad at me?
B: No, not all. You worry too much.

너 아직도 나에게 꽁하고 있니?

A: 너 왜 나랑 말도 안 해? 너 아직도 나에게 꽁하고 있니?
B: 아니야, 너는 괜한 걱정을 하는구나.

[해설]

상대방이 나에 대해 언짢은 감정을 속으로 품고 있을 때 'Are you still mad at me?'라고 할 수 있습니다. mad at은 '화내다'의 뜻인데 속으로 화를 품고 있는 상황 즉, 속으로 '꽁하고 있는' 감정 상태라고 할 수 있습니다. 'Do you still have a grudge against me?'도 유사한 표현으로 grudge는 '적의', '유감'의 뜻입니다.

[expression plus]

*분을 삭이다	soothe one's anger
*너 참 짜증나게 한다	You're very annoying.
*미안해, 화내지마	I'm sorry. Don't be mad.

240위 전과 다르게 씀씀이가 는 사람에게

Business must be booming.

A: Hey, you are spending a fortune these days.
First, you got a new car and then a new house.
Business must be booming.

B: Well, I've been saving ever since I first started working.

*spend a fortune 큰돈을 쓰다

돈 엄청 벌었나 봐.

A: 돈 펑펑 쓰는 사람이 여기 또 있구나. 차도 사고 집도 사고. 돈 엄청 벌었나봐.

B: 뭘, 그냥 직장 다니면서부터 쭉 돈을 모은 건데.

[해설]

갑자기 씀씀이가 커진 사람에게 '돈 엄청 벌었나 봐'라고 할 때 'Business must be booming.'이라고 하면 됩니다. 비슷하게 '갑자기 부자가 되었나봐'의 식으로 'You must have struck it rich.' 라고 하거나, '복권에라도 당첨되어 돈 좀 벌었나?'의 식으로 'Did you win the lottery or something?'로 표현할 수 있습니다.

[expression plus]

*대박 나다	hit the jackpot
*큰 재산을 모으다	make a big fortune
*유복한 가정에서 태어나다	born with a silver spoon in one's mouth

241위 - 260위 순위

241위 둘은 정말 많이 닮았어. [비슷한 데가 많다]

242위 두 말하면 잔소리지! [만족]

243위 바가지 씌우지 말아요! [가격을]

244위 바빠서 꼼짝 못하겠어.

245위 바쁜 와중에 짬 내서 연락하는 거야.

246위 수작 부리지마.

247위 걘 백수야.

248위 나 화났으니까 말 붙이지마.

249위 네가 좀 심했어.

250위 세상 살 맛이 안 나.

251위 지금 좀 도와줄 수 있니?

252위 꼴도 보기 싫어!

253위 당근이지.

254위 요점만 말해!

255위 한 번만 봐주세요.

256위 불행 중 다행이구나.

257위 세월이 약이다.

258위 짚신도 짝이 있다.

259위 눈에 넣어도 안 아플 정도랍니다.

260위 누가 개인기 좀 해볼래?

241위 You two have a lot in common.

242위 You are preaching to the choir.

243위 Don't rip him off!

244위 I'm tied up at the moment.

245위 I'm making time for this even though I'm busy.

246위 You can't fool me.

247위 He is out of work.

248위 I'm angry, so don't even try to talk to me.

249위 You went too far.

250위 I have no life these days.

251위 Can you just give me a hand right now?

252위 I don't even want to look at you.

253위 You bet.

254위 Get to the point!

255위 Just help me out this once.

256위 You're lucky it wasn't worse.

257위 Time heals all wounds.

258위 Every Jack has his Jill.

259위 He is the apple of the eye.

260위 Who has a special talent?

241위 연인 또는 부부의 공통점이 많을 때

You two have a lot in common.

A: You are just as stubborn as he is.
You two have a lot in common.
B: I know. But is it a compliment or an insult?

*compliment 칭찬 *insult 비난

둘은 정말 많이 닮았어. [비슷한 데가 많다]

A: 너도 고집 세고 그 사람도 고집 세. 너희 둘은 정말 많이 닮았어.
B: 나도 알아. 근데 그거 칭찬이야, 비난이야?

[해설]
연인 또는 부부의 공통점이 많아 '둘이 많이 닮았다'고 할 때 우선적으로 'You two have a lot in common.'이라고 하면 됩니다. 좀 더 은유적인 표현으로는 'You are two peas in a pod.'이 있는데 '콩 꼬투리 안에 들어있는 완두콩 두 개 같다'로 서로 구분하기 힘들 정도로 닮았음을 묘사합니다.

[expression plus]
(가족과 관련하여)

*엄마를 꼭 빼 닮았다	He is a carbon copy of his mother.
*부모와 붕어빵인 아이	He's a chip off the old block.
*집안 내력이다	It runs in the family.

242위 쓸데없이 자질구레한 말을 늘어놓을 필요 없이 만족스러울 때

You are preaching to the choir.

A: Everyone says that your homeroom class teacher is really kind. Is it true?

B: You are preaching to the choir! He is the best!

*homeroom class teacher 담임교사

두 말하면 잔소리지! [만족]

A: 네 담임선생님께서는 정말 친절하시다 던데, 정말 그래?

B: 두 말하면 잔소리지! 그 분 진짜 최고야!

[해설]

상대방의 말에 자질구레 덧붙이지 않고 '두 말하면 잔소리다'라고 만족스러움을 표현할 때 'You are preaching to the choir.'라고 하면 됩니다. 성가대를 할 정도면 매우 독실한 신자들이고 성경내용도 잘 아는 사람들인데 이들에게 설교하는 것은 잔소리나 마찬 가지겠지요.

[expression plus]

*동감이야	I agree with you.
*말 잘했어!	You're telling me.
*내가 하려던 말이었어	You took the words right out of my mouth.

243위 요금이나 물건 값을 비싸게 해 억울한 손해를 입게 하려 할 때

Don't rip him off!

A: He is my friend, so don't try to rip him off!
B: Don't worry. Have I ever ripped off someone you introduced to me?

바가지 씌우지 말아요! [가격을]

A: 걘 내 친구야, 걔한테 물건을 팔 때 바가지 씌우지 마라.
B: 알았어, 네가 소개해준 친구들한테 내가 언제 바자기 씌운 적 있니?

[해설]
아는 사람을 판매자에게 소개하면서 바가지 씌우지 말라고 부탁할 때 'Don't rip him off!'라고 할 수 있습니다. 전에 소개 하였던 것처럼 rip off는 '바가지 씌우다'입니다. 같은 의미를 나타내는 표현으로 'Don't give him a raw deal.'이 있습니다. 여기서 raw deal이란 '부당한 대우'를 말합니다.

[expression plus]
*떨이 판매 rummage sale
*사은판매 thank-you sales
*대폭 할인 steep discount

244위 너무 바빠서 잠시도 쉴 틈이 없을 때

I'm tied up at the moment.

A: Can you make some time right now? I have something to tell you.
B: I'm tied up at the moment. Can I call you when I get home?

바빠서 꼼짝 못하겠어.

A: 지금 시간 낼 수 있어? 할 말이 좀 있어.
B: 난 지금 바빠서 꼼짝 못하거든. 집에 가서 전화하면 안될까?

[해설]

일반적으로 '바쁘다'는 'I'm busy.'라고 해도 되지만, 바빠서 틈이 없을 때 be tied up을 사용할 수 있습니다. 따라서 'I'm tied up at the moment.'라고 하면 '지금 바빠서 전혀 틈이 없다'는 말입니다. 같은 표현으로 'My hands are full.'가 있습니다.

[expression plus]

*전혀 바쁘지 않다	I'm not busy at all.
*요즘 참 바쁘다	I have been busy lately.
*할일이 너무 많다	I'm up to my ears in work.

245위 바빠도 잊지 않고 연락했음을 강조할 때

I'm making time for this even though I'm busy.

A: Today must be a special day if a busy person like you has time to contact me.

B: What do you mean?
I'm making time for this even though I'm very busy.

바쁜 와중에 짬 내서 연락하는 거야.

A: 오늘 무슨 날 이길래 너 같이 바쁜 사람이 나한테 연락 다하냐.

B: 말을 그렇게 정 없게 해야 돼? 바쁜 와중에 짬 내서 연락하는 거라구.

[해설]

바쁜 와중에도 생각해서 연락하는 것임을 강조할 때 'I'm making time for this even though I'm busy.'라고 하면 됩니다. 여기서 for this는 '이것을 위해'인데 여기서는 연락하는 것을 말하며 상황에 따라 다양한 내용이 될 수 있습니다.

[expression plus]

*연락할 께	I'll contact you.
*요즘 어떻게 지내?	How are you doing these days?
*다음에 한 번 만나자	Let's meet together sometime.

246위 얼렁뚱땅 넘어갈 생각하지 말라고 할 때

You can't fool me.

A: I swear that I have no special relationship with her. We are just friends.
B: You can't fool me. I know that you are trying to get away with it.

*swear 맹세하다 *get away with ~을 대충 넘어가다

수작 부리지마.

A: 진짜 그 여자애랑 아무 사이도 아니야. 그냥 친구일 뿐이야.
B: 수작 부리지마. 얼렁뚱땅 넘어가려는 거 다 알아.

[해설]

어떤 일에 대해 얼렁뚱땅 넘어가려고 할 때 'You can't fool me.'라고 말할 수 있는데 직역하면 '나를 바보로 만들 수 없다'입니다. 즉 상대방에게 '야 수작부리지 마 (다 알아)'라고 하는 것입니다. 비슷한 표현으로 'Quit pretending.'라고 할 수 있는데 '아닌 체 하지마'로 사실대로 말하라는 뜻이 됩니다.

[expression plus]

*사실대로 말하다 tell the truth
*놀리다, 장난치다 pull one's leg
*교묘히 발뺌하다 explain away

247위 돈 한 푼 없이 빈둥거리며 놀고먹는 사람을 가리켜

He is out of work.

A: Do you know anything about Esther's boyfriend? What is he doing?

B: He is out of work. It seems that he's looking around for a job.

걘 백수야.

A: 너 에스더 남자친구 알아? 뭐 하는 사람이야?

B: 걘 백수야. 요즘 여기저기 일자리를 찾고 있는 것 같아.

[해설]

직업을 갖지 못하고 있는 사람을 가리켜 속칭 '백수'라고 합니다. 영어로는 'He is out of work.'라고 하면 됩니다. 또는 'He is unemployed.'라고 해도 같은 뜻입니다.

[expression plus]

*빈둥거리다 hang around
*구직활동을 하다 look for work
*취업준비생 jobseeker

248위 기분이 좋지 않으니 간섭하지 말라는 일종의 경고의 표현

I'm angry, so don't even try to talk to me.

A: I'm so angry so don't even try to talk to me.
B: The guys were just kidding around a while ago. Don't be so narrow-minded.

*kid around 농담하다 *narrow-minded 속이 좁은

나 화났으니까 말 붙이지마.

A: 나 화났으니까 말 붙이지마.
B: 아까 다들 다 농담한 것뿐이야. 그렇게 속 좁게 굴지 마.

[해설]
매우 화가 나서 말도 하고 싶지 않은 경우가 있는데 이때 쓸 수 있는 표현은 'I'm angry, so don't even try to talk to me.'라고 하면 됩니다. '매우 ~해서 ~할 수 없다'의 'too ~ to' 패턴을 사용하여 'I'm too angry to talk right now.'라고 해도 같은 의미입니다.

[expression plus]

*냉정함을 잃다	lose one's cool
*화내지마	Don't be angry.
*화나게 하려고 한게 아니야	I didn't mean to provoke you.

249위 지나친 말이나 행동을 한 친구를 나무라며

You went too far.

A: You made her cry. I know it was a joke, but you went too far.
B: Sorry. It was fun to see her reaction to my joke, so I couldn't stop.

네가 좀 심했어.

A: 그녀를 울리다니. 농담인 줄 알지만 그래도 네가 좀 심했어.
B: 미안. 놀리니까 반응이 재밌어서 그만.

[해설]

지나친 말이나 행동을 한 경우는 말 그대로 go too far라는 표현을 활용할 수 있습니다. 따라서 'You went too far.'라고 하면 '네가 심했어'라는 말입니다. 예의, 상식 등에서 '도를 지나치다'에도 사용될 수 있는데 'I think they've gone too far.'라고 하면 '그들의 행위가 도를 지나쳤다고 생각해'의 의미가 됩니다.

[expression plus]

* 이제 그만해!	Back off!
* 재미있지 않아	That wasn't funny.
* 화나기 직전이야	I'm reaching my limit.

250위 세상을 살아가는 재미나 의욕을 잃었을 때

I have no life these days.

A: Why? Is there anything wrong happened to you?
B: I'm saddled with a lot of debt, so I have no life these days.

*be saddled with ~의 부담을 지다

세상 살 맛이 안 나.

A: 왜 그래? 무슨 안 좋은 일이 있냐?
B: 빚을 많이 지니깐 세상 살 맛이 안 나.

[해설]

세상을 살아가는 재미나 의욕을 잃었을 때 보통 '세상 살 맛 안 난다'고 말합니다. 영어로는 'I have no life these days.'라고 합니다. 또는 'Life is dull these days.'이라고 해도 같은 뜻인데 dull이 바로 '활기 없는', '둔한'의 뜻입니다. 또는 'Time seems to go by so slowly.'도 같은 의미로 사용되니 알아두도록 합시다.

[expression plus]

*힘내! Cheer up!
*사람 사는 게 다 그렇지 뭐 That's the way it goes.
*새벽이 오기전이 가장 어둡다 It's always darkest before dawn.

251위 화제를 전환하여 도움을 요청할 때

Can you just give me a hand right now?

A: I see. Is it okay to finish this by next week?
B: Okay, but can you give me a hand just right now?

*give a hand 도와주다

지금 좀 도와줄 수 있니?

A: 알겠어. 다음 주까지 마무리 지으면 되는 거지?
B: 응, 부탁해. 그건 그렇고 지금 좀 도와줄 수 있니?

[해설]

남을 돕는 것은 give a hand라고 합니다. 따라서 '지금 좀 도와 줄 수 있니?'라고 도움을 요청할 때는 'Can you just give me a hand right now?'라고 하면 됩니다. 좀 더 구체적으로 어떤 일을 지정하여 요청할 때는 'Can you just do this for me?'라고 할 수 있습니다.

[expression plus]

*도와드릴까요?	May I help you?
*도와주어 감사합니다	Thank you so much for your help.
*다른 사람 돕기를 자청하다	volunteer to help others

252위 가뜩이나 미운 사람이 노는 꼴 또는 기뻐하는 것이 몹시 아니꼽고 보기 싫을 때

I don't even want to look at you.

A: I don't want to even look at you anymore!
I lose my temper whenever I see you.
B: Why? Did I do something wrong to you?

*lose one's temper 화를 내다

꼴도 보기 싫어!

A: 꼴도 보기 싫어! 너를 볼 때마다 난 화를 참을 수가 없어.
B: 왜? 내가 뭘 잘못했냐?

[해설]

미운 사람이 행동이 아니꼽고 보기 싫을 때 '네 꼴도 보기 싫다'고 하는데 이때는 'I don't even want to look at you.'라고 하면 됩니다. 만약 '그' 또는 '그녀'가 보기 싫으면 you 대신 him또는 her를 넣어주면 됩니다. 'I don't want to see you again.'도 '다시는 너 보고 싶지 않다.'로 같은 뜻입니다.

[expression plus]

*꺼져버려! Just go away!
*지금 너랑 상대하고 싶지 않아 I can't deal with you right now.

253위 당연하지 라는 표현

You bet.

A: Do you like this work?
B: You bet. If I didn't like it, why would I stay here?

당근이지.

A: 이 일을 좋아해?
B: 당근이지. 안 좋아하면 내가 왜 계속 여기 있나.

[해설]

당연하다고 말할 때 '당근이지'라는 말을 종종 합니다. 이때 쓸 수 있는 표현은 바로 'You bet.' 입니다. bet이라는 말은 '돈을 걸다', '내기하다'의 뜻으로 그만큼 확실하고 당연한 것임을 말합니다.

[expression plus]

*확실히 ~ 이다	I bet you…
*물론이지	Of course.
*그렇고 말고	Absolutely

254위 너저분한 말은 생략하고 간단하게 듣고 싶을 때

Get to the point!

A: Don't beat around the bush. Just get to the point!
B: All right. I may not be able to keep the promise I made last time.

*keep the promise 약속을 지키다

요점만 말해!

A: 빙빙 돌리지 말고 요점만 말해!
B: 좋아. 저번 약속 나 못 지킬 것 같아.

[해설]
전에 설명한 데로 빙빙 돌려 말하는 것은 beat around the bush라고 합니다. '요점만 말하'라고 할 때는 'Get to the point!'라고 하면 됩니다. 같은 뜻으로는 'Cut to the chase.'가 있습니다. 영화에서 가장 흥미진진한 부분은 추격(chase) 장면입니다. 따라서 '바로 가장 흥미로운 장면으로 가라'는 말로 '요점만 말하라'는 뜻이 됩니다.

[expression plus]
*시간 낭비하지마 (핵심을 말해) Stop wasting my time.
*뭘 말하고 싶은 거야? What do you want to say?
*무슨 뜻이야? What do you mean?

255위 기회를 한 번만 달라는 표현

Just help me out this once.

A: Please, let me in. Just help me out this once.
B: Absolutely not. Minors are not allowed to come inside.

*minor 미성년자 *be allowed to ~가 허용되다

한 번만 봐주세요.

A: 제발 들어가게 해 주세요. 한 번만 봐주세요.
B: 안 돼. 미성년자는 들어갈 수 없어.

[해설]
잘못하거나 하여 '한 번만 봐 달라'고 부탁하는 경우에 'Just help me out this once.'라고 할 수 있습니다. 같은 뜻으로 라고 해도 '좀 관대하게 대해 달라'는 의미로 'Please cut me some slack.' 이라고 해도 너무 규칙을 엄격하게 적용하지 말고 '느슨하게 (slack)' 적용해서 좀 봐달라는 의미가 됩니다.

[expression plus]

*이번 만 눈감아 주세요	Let it go this one time, please.
*(잘못을) 이번만 넘어가 주세요	Please go easy on me.

256위 불행 가운데서 그나마 그만하면 다행

You're lucky it wasn't worse.

A: I got in a car accident.
B: Are you okay? You're lucky it wasn't worse.

*accident 사고

불행 중 다행이구나.

A: 난 교통사고를 당했어.
B: 다친 데는 없어? 불행 중 다행이구나.

[해설]
불행 가운데서 그나마 다행인 경우 'You're lucky it wasn't worse.'라고 말할 수 있습니다. 직역하면 '더 나쁜 상황에 빠지지 않아 운이 좋다'의 의미입니다. 같은 의미를 나타내는 표현으로는 'It could have been a lot worse.'가 있는데 '훨씬 안 좋은 상황일 수도 있었다'는 말로 '불행 중 다행이었다'는 것을 나타내고 있습니다.

[expression plus]
*불행 중 다행 (불행을 가장한 복) It is a blessing in disguise.
*행운을 빕니다 I wish you good luck.
*궂은 일이 있으면 좋은 일도 있다 Every cloud has a silver lining.

257위 아픈 기억 따위를 잊는 데는 시간이 필요하다는 표현

Time heals all wounds.

A: It's been a year since she left me, but I still can't forget her.
B: Time heals all wounds.

*wound 상처

세월이 약이다.

A: 그녀가 날 떠난 지 일 년이 되었지만 아직도 난 그녀를 못 잊어.
B: 세월이 약이야.

[해설]
너무 아프고 힘든 상황도 시간이 지나면 어느덧 극복이 되고 기억에서 희미해집니다. 그래서 '세월이 약이다'라는 말을 하며 위로하고, 위로 받습니다. 영어로는 'Time heals all wounds.'라고 합니다. wound는 '상처'를 말합니다.

[expression plus]

*좀 더 시간을 두고 생각해봐	Just give it more time.
*상처는 점차 아물거야	The pain will not always be so severe.
*넌 극복해 나갈거야	You will get through this.

258위 모든 사람은 자신을 알아주는 사람이 있게 마련이라는 표현

Every Jack has his Jill.

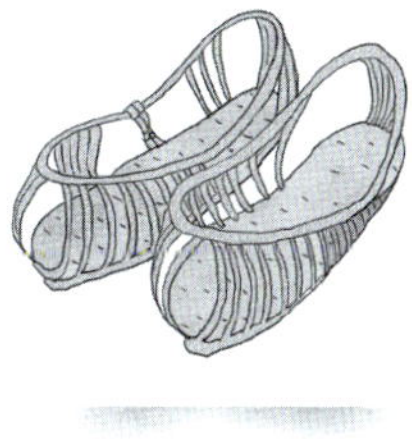

A: Why does he love the woman that much?
There doesn't seem to be anything special about her.
B: There is a saying, "Every Jack has his Jill." Don't you agree?

짚신도 짝이 있다.

A: 왜 그는 저 여자를 그토록 사랑하는 거지? 특별한 곳도 없어 보이는데.
B: 짚신도 짝이 있단 말도 있잖아. 그렇게 생각하지 않아?

[해설]

사람에 따라 좋아하는 사람에 대한 취향이 다릅니다. 그래서 다른 사람이 볼 때는 별볼일 없어 보여도 좋아하는 사람이 있게 마련입니다. 이때 '짚신도 짝이 있다'고 하는데 영어로는 'Every Jack has his Jill.'이라고 합니다. 여기서 Jack은 남성을 대표하고 Jill은 여성을 대표하는 이름입니다.

[expression plus]

*누구 좀 소개시켜 줘	Please introduce me to someone.
*당신이 좋아하는 스타일의 사람은?	What type of man do you like?
*사람마다 각기 취향이 다르다	Everyone has their own taste.

259위 너무 귀엽다는 표현

He is the apple of the eye.

A: Have you seen Eric's son? Isn't he cute?
B: Yes, he is. He is the apple of my eye.

눈에 넣어도 안 아플 정도랍니다.

A: 에릭 아들 봤어? 정말 사랑스럽지 않아?
B: 그래, 눈에 넣어도 안 아플 정도야.

[해설]

너무 귀여운 자녀나 사랑스러운 대상에 대해 '눈에 넣어도 안 아플 정도'라고 말하는데 사내아이의 경우 영어로는 'He is the apple of the eye.'라고 합니다. 여기서 the apple of the eye는 '눈동자'를 말합니다. 그만큼 소중하고 사랑스럽다는 의미입니다. 간단히 'He's precious.'라고 해도 비슷한 의미를 전달할 수 있습니다.

[expression plus]

*사랑스러운, 반하게 하는	adorable
*아이를 귀여워하다	cherish a child
*눈에 밟히다	be always on one's mind.

260위 그 자리의 분위기를 띄우고 싶을 때

Who has a special talent?

A: The atmosphere is not that lively. Who has a special talent?
B: Then why don't you show us yours first?

*atmosphere 분위기 *special talent 개인기, 특별한 재능

누가 개인기 좀 해볼래?

A: 별로 흥이 안난다. 누가 개인기 좀 해볼래?
B: 그럼 네가 먼저 하지 그래?

[해설]

분위기를 띄우기 위해 누군가에게 '개인기 좀 해보라'고 할 때 '누가 개인기 없나?'식으로 표현할 수 있습니다. 따라서 영어로는 'Who has a special talent?'라고 말하면 됩니다. 비슷한 표현으로 'Can any of you do any tricks?'라고 해도 같은 의미가 됩니다.

[expression plus]

*분위기를 띄우다	liven up the atmosphere
*개인기 좀 보여줘	Demonstrate (show) your talents!
*그는 재능이 많다	He has a lot of talents.

261위 - 280위 순위

261위 완전 구제불능이야.

262위 정말 눈부시게 예뻐.

263위 그 여자는 성미가 까다로워.

264위 다이어트 한 거야?

265위 너무 서두르지 마.

266위 썰렁해!

267위 너 너무 기운 없어 보인다.

268위 머리가 멍~해.

269위 나 여기 단골이야.

270위 아침에 일어나자마자 보낼게.

271위 아직 초저녁이야.

272위 작업 일정이 바뀌는 대로 계속 연락주세요.

273위 오고 싶을 땐 언제든지 놀러 와.

274위 왜 갑자기 정색하고 그래?

275위 아쉽다!

276위 소름이 쫙 끼쳤어요.

277위 비밀 지켜 드릴게요.

278위 좋은 생각이 났어요.

279위 걔는 어디 가도 굶어 죽진 않겠다.

280위 다른 사람에게 떠넘기려고 하지 않는 게 좋아.

261위 He's totally hopeless.

262위 She is stunningly beautiful.

263위 She's so particular about everything.

264위 Did you go on a diet?

265위 Don't rush off.

266위 How corny!

267위 You don't seem to have any energy.

268위 I can't think straight.

269위 This is my regular hangout.

270위 I will send it to you first thing in the morning.

271위 The night is still young.

272위 Keep me posted whenever the work schedule is changed

273위 Feel free to stop by whenever you can.

274위 Why are you so serious all of a sudden?

275위 What a bummer!

276위 I got goose bumps all over.

277위 I will keep the secret.

278위 I have a brilliant idea.

279위 He wouldn't starve anywhere.

280위 Don't try to pass the buck.

261위 도움이나 충고 따위가 먹히지 않는 사람을

He's totally hopeless.

A: He is totally hopeless. I swore that he would not gamble anymore, but he's betting on horse racing.
B: Don't pay any attention to him. He is a born gambler.

*bet on ~에 돈을 걸다 *horse racing 경마

완전 구제불능이야.

A: 그는 완전 구제불능이야. 도박에서 손을 뗀다고 맹세했는데 지금 경마게임하고 있네.
B: 그에게 신경 쓰지 마. 그는 타고난 노름꾼이야.

[해설]
충고를 해 주어도 전혀 변화의 기미가 없는 사람을 '구제불능'이라고 합니다. 이때 쓰는 표현은 'He's totally hopeless.'라고 하면 됩니다. 즉, '개선의 희망이 전혀 없다'는 의미가 됩니다. 이를 다르게 표현하면 'He's beyond help.'라고 해도 됩니다.

[expression plus]

*그는 너무 어리석어	He is so foolish.
*넌 수치심도 없냐?	Have you no shame?
*날 어린애 취급하지 마	Don't treat me like a child.

262위 아름다운 외모를 칭찬할 때

She is stunningly beautiful.

A: Do you know who Kennedy Frada is? She has become a superstar.
B: She graduated from the same university as I did.
She is stunningly beautiful.

*graduate from ~를 졸업하다

정말 눈부시게 예뻐.

A: 너 케네디 프라다 알아? 이젠 그녀가 슈퍼스타가 됐대.
B: 그녀는 나랑 같은 대학 나왔어. 그녀는 정말 눈부시게 예뻐.

[해설]

보통 아름답다고 할 때 beautiful을 쓰는데, '눈부시게 아름답다'고 강조하며 칭찬할 때 very, 또는 so를 그 앞에 써도 무방하지만 '기절할 만큼의', '근사한'의 뜻을 가진 stunning을 써서 'She's stunningly beautiful.'이라고 하면 좀 더 멋지게 들립니다. 'She lights up the room.'이라고 해도 되는데, '방안을 환하게 해줄 만큼 아름답다'는 말입니다.

[expression plus]

*그녀는 우아하다	She is elegant.
*그녀는 매력적이다	She is really attractive.
*예쁜 몸매를 유지하다	keep in such good shape

263위 비위를 맞추기 어려운 성격의 사람을 보고

She's so particular about everything.

A: Do you know her?
B: I do. She is so particular about everything.

*particular 꼼꼼한, 까다로운

그 여자는 성미가 까다로워.

A: 그 여자 알아?
B: 알지, 그 여자는 성미가 까다로워.

[해설]

비위를 맞추기 어려운 성격의 사람은 매사에 지나치게 꼼꼼하거나 까다롭습니다. 이때 쓸 수 있는 표현은 'She is so particular about everything.'입니다. 여기서 particular about이 '~에 대해 까다로운'의 뜻입니다. 이를 구체적으로 표현한 'She's so fussy about every little detail.'이라고 해도 같은 뜻입니다.

[expression plus]

*그녀는 까다롭지 않아	She's not hard to please.
*그녀는 까다로워	She is grumpy. / She's picky.
*매우 침착한	as cool as a cucumber
*너그러운	bighearted / generous

264위 몰라보게 살이 빠진 사람을 봤을 때

Did you go on a diet?

A: You've lost a lot of weight. Did you go on a diet?
B: Not exactly. I've become thin just because I worked too much.

*go on a diet 다이어트하다

다이어트 한 거야?

A: 살이 많이 빠졌어. 다이어트 했냐?
B: 그게 아냐. 일을 너무 많이 해서 야윈거야.

[해설]

살이 빠진 사람에게 '다이어트 한 거냐'고 물을 때 on on a diet를 써서 'Did you go on a diet?'라고 하면 됩니다. 또는 현재완료형을 써서 '다이어트 하고 있는 거냐'고 묻는다면 'Have you been dieting?'이라고 하거나 '운동하다'의 work out을 사용하여 'Have you been working out?'이라고 하면 됩니다.

[expression plus]

*채식 vegetarian diet
*규칙적으로 운동하다 exercise regularly
*정크푸드 섭취를 줄이다 cut down on junk food

265위 일을 빨리 해치우려고 급하게 바삐 움직이지 말라고 할 때

Don't rush off.

A: I'm leaving. I might be late.

B: Don't rush off without breakfast. At least eat something before you go.

*at least 적어도

너무 서두르지 마.

A: 나 간다. 늦겠다.

B: 너무 서두르지 마. 그래도 뭘 좀 먹고 가라.

[해설]

급하게 바삐 움직이는 상대에게 '너무 서두르지 마'라고 할 때는 'Don't rush off.'라고 하면 됩니다. rush off는 '급하게 서두르다'의 뜻입니다. 같은 표현으로 'Don't rush into things.'또는 'Don't be in a hurry.'라고 해도 됩니다.

[expression plus]

*좀 서두르자 Let's hurry up!
*서두르다 일을 그르친다 Haste makes waste.
*왜 그렇게 허둥대지? Why are you in such a hurry?

266위 웃기지 않은 이야기를 분위기가 다운됐을 때

How corny!

A: Here's a quiz. "Why did the chicken cross the road?"
B: Well, I don't know.
A: To get to the other side!
B: Did you call that a joke? How corny!

*corny 진부한, 구식의

썰렁해!

A: 퀴즈하나 낼게. "왜 닭이 길을 건넜을 까요?"
B: 글쎄, 잘 모르겠는데.
A: 건너편으로 가려고!
B: 그것도 농담이냐? 썰렁해!

[해설]

corny라는 말은 '진부한'의 뜻으로 농담이 썰렁할 때 사용될 수 있습니다. 따라서 썰렁한 농담을 하는 사람에게 'How corny!'라고 하면 '썰렁해!'라고 말하는 것입니다. 썰렁한 농담을 하는 것을 make corny jokes라고 합니다. '썰렁하다'는 표현으로 '재미없는'을 나타내는 lame을 써서 'That's a lame joke!'이라고 해도 마찬가지입니다.

[expression plus]

*그가 날 놀렸다	He teased me.
*그는 위트가 있다	He is witty.
*그녀는 농담을 잘한다	She makes a joke well.

267위 상대방이 힘이 없어 보일 때

You don't seem to have any energy.

A: You don't seem to have any energy.
You didn't sleep well last night, did you?
B: How did you guess? I was out with my friends all night.

*seem to ~처럼 보이다

너 너무 기운 없어 보인다.

A: 너 너무 기운 없어 보인다. 어제 잠을 못 잔 거 아니야?
B: 아니, 어젯밤 나 친구들이랑 밤새도록 놀았어.

[해설]

상대방이 힘이 없어 보일 때 'You don't seem to have any energy.'라고 하면 '기운이 없어 보인다'라고 하는 것입니다. seem to가 '~처럼 보이다'의 뜻이니 don't seem to라고 하면 '~처럼 보이지 않는다'가 되겠습니다. 기운이 없어 보이는 상대에게 간단히 'You look exhausted.'라고 해도 같은 뜻입니다.

[expression plus]

*피로에서 회복하다 recover from fatigue
*만성 피로 증후군 chronic fatigue syndrome
*기분이 상쾌하다 feel refreshed

268위 몸 상태가 좋지 않을 때

I can't think straight.

A: Is it because I am tired? I can't think straight.
B: Then go to bed early today.

*think straight 명확히 생각하다

머리가 멍~해.

A: 피곤해서 그런가? 머리가 멍~해.
B: 그럼 오늘은 좀 일찍 자.

[해설]
피곤하고 몸 상태가 좋지 않으면 머리가 멍하여 생각이 원활하지 않습니다. 이때 쓸수 있는 표현이 'I can't think straight.'입니다. 여기서 straight는 '명확한', '정돈된'의 의미로 보면 되겠습니다. '생각이 제대로 작동하지 않는다'는 의미로 'My mind isn't functioning clearly.'라고 해도 '머리가 멍한' 상태를 표현하고 있습니다.

[expression plus]
*두통이 있다 have a headache
*머리가 무거워 My head feels heavy.
*나가서 머리를 식히다 go out and get some air

269위 늘 이용하는 사람임을 강조할 때

This is my regular hangout.

A: Excuse me, sir. But no tables are available now.
B: How come? This is my regular hangout. I have reserved a table already.

*available 이용 가능한 *hangout 단골로 가는 곳

나 여기 단골이야.

A: 손님, 죄송한데 우리는 만원입니다.
B: 이럴 수가? 전 여기 단골이에요. 벌써 예약했는데요.

[해설]
어떤 음식점이나 가게를 늘 이용하는 사람임을 강조할 때 'This is my regular hangout.'이라고 하면 됩니다. 즉 '이곳이 내 단골집이다'고 말하는 것으로 다시 말하면 자신이 그 집의 단골임을 말하고 있습니다. 'I'm a regular customer here.'라고 하거나 'I come here all the time.'이라고 해도 같은 의미를 전달합니다.

[expression plus]

*손님 시중들다	wait on a customer
*후한 팁을 주다	give a generous tip
*테이블을 치우다	clear the table

270위 시간이 긴박할 때

I will send it to you first thing in the morning.

A: Are you okay? You look groggy.
Be sure to send me the material for the meeting tomorrow.

B: I know. I will send it to you first thing in the morning.

*groggy (피로로) 비틀거리는 *make sure 확실히 ~하다

아침에 일어나자마자 보낼게.

A: 너 완전 피곤해 보이는데 괜찮아? 내일 회의 자료 꼭 보내줘.

B: 알고 있어. 아침에 일어나자마자 보낼게.

[해설]

몸이 피곤하여 오늘 하지 못한 급한 일을 아침에 일어나자 해야 되는 일이 생깁니다. 그때는 일반적으로 '아침에 일어나자마자 할거야'라고 하는데 'I will do it first thing in the morning.'이라고 합니다. 따라서 대화문에서 '아침에 일어나자마자 너에게 보낼게'는 'I will send it to you first thing in the morning.'이라고 하면 됩니다.

[expression plus]

*급한 일 urgent work
*중요한 일 important work
*우선순위를 정하다 set a priority on something

271위 귀가하기에 너무 이른 시간이라 느낄 때

The night is still young.

A: Let's go home. It's too late. We've had enough to drink..
B: Don't be a wet blanket. The night is still young.
Do you want to say good-bye already?

*a wet blanket 흥 깨는 사람

아직 초저녁이야.

A: 집에 가자, 너무 늦었어. 여기서 술 마실 만큼 마셨잖아.
B: 너 정말 흥 깬다, 아직 초저녁이야. 근데 벌써 헤어지자구?

[해설]
친구들과 즐거운 시간을 보내다보면 금 새 어두워집니다. 하지만 귀가하기에는 이르다고 느껴질 때 '아직 초저녁이야'라고 합니다. 이때 쓰는 말이 'The night is still young.'입니다. '밤이 아직은 젊으니' 초저녁이라는 말입니다. 'It's not that late.'라고 해도 같은 의미입니다.

[expression plus]

*밤이 깊다	It's grown very late.
*여러 술집을 가다	go barhopping
*노래방에 가다	go to a noraebang

272위 작업일정, 변동 사항 등 통보를 원할 때

Keep me posted whenever the work schedule is changed.

A: Keep me posted whenever the work schedule is changed.
B: Yes, of course. We'll let you know if there are any changes.

* work schedule 작업일정

작업 일정이 바뀌는 대로 계속 연락주세요.

A: 작업 일정이 바뀌는 대로 계속 연락주세요.
B: 네, 알겠습니다. 변동사항이 생기는 대로 알려드릴게요.

[해설]

변경사항이나 새로운 내용을 알려 달라고 할 때는 keep me posted나 let me know로 시작하여 말하면 됩니다. 예를 들어 '작업 일정이 바뀌는 대로 계속 알려 달라'고 하려면 'Keep me posted whenever the work schedule is changed.'라고 하면 됩니다. 또는 'Let me know if the work schedule is changed.'라고 해도 같은 의미입니다.

[expression plus]

* 담당자	the person in charge
* 누구에게 물어봐야 되지요?	Who should I ask for?
* 일이 어떻게 진행되고 있나요?	How's the work going?

273위 부담 없이 지속적인 교류를 위한 만남을 원할 때

Feel free to stop by whenever you can.

A: It's very nice to spend time with an old friend again.
It's been a while.

B: Yeah. Feel free to stop by whenever you can.
The door is always open for you.

*stop by 들르다

오고 싶을 땐 언제든지 놀러 와.

A: 오랫동안 못 만났던 친구를 만나게 돼서 정말 기분이 좋아.

B: 그렇지. 오고 싶을 땐 언제든지 놀러와, 문은 항상 열려 있으니까.

[해설]

자유롭게 어떤 것을 하라고 할 때 feel free to-v구문을 사용하면 됩니다. 따라서 '원할 때 언제든지 놀러오라'고 말하려면 'Feel free to stop by whenever you can.'이라고 하면 됩니다. 더 간단하게 표현하면 'Come visit me anytime.'라고 말해도 되겠습니다.

[expression plus]

*이번 주 토요일에 시간 있어?	Are you free this Saturday?
*우리 집에 오늘 놀러올래?	Would you like to come to my house today?
*물론이지	Sure. I'd love to.

274위 별안간 진지한 표정을 짓고 이야기하는 친구에게

Why are you so serious all of a sudden?

A: Why didn't you tell me about it beforehand? Isn't that a little inconsiderate?
B: Why are you so serious all of a sudden?
It isn't like you, so stop it.

*inconsiderate 경솔한

왜 갑자기 정색하고 그래?

A: 왜 사전에 말 안 해 준거야. 너무한 거 아니야?
B: 왜 갑자기 정색하고 그래. 안 어울리니까, 그만해.

[해설]

방금 전과 다르게 갑자기 진지한 표정으로 정색하고 말하는 친구에게 '왜 갑자기 정색하고 그래?'라고 말하는 경우가 있습니다. 영어로는 'Why are you so serious all of a sudden?'이라고 하면 됩니다. 여기서 serious는 '진지한'의 의미이고 all of a sudden이 '갑자기'의 뜻으로 쓰였습니다.

[expression plus]

*별거 아니잖아 It's no big deal.
*너무 진지하게 받아들이지 마 Don't take it so seriously.
*그녀의 안색이 충격으로 하얗게 변했다 Her face turned pale with shock.

275위 유감스러움, 아쉬움 등을 나타낼 때

What a bummer!

A: It's cancelled because of rain. What a bummer!
I have been looking forward to it.

B: That's true. I hope we have clear weather next week.

*be cancelled 취소되다 *bummer 실망시키는 것

아쉽다!

A: 비와서 중지되다니. 아쉽다! 기대하고 있었는데.

B: 그러게 말이야. 다음 주엔 맑았으면 좋겠다.

[해설]

기대와는 다르게 실망시키는 것을 bummer라고 합니다. 따라서 유감이나 아쉬움을 나타낼 대는 'What a bummer!'라고 하면 됩니다. 일반적인 표현으로 '실망스럽다' 정도로 나타낼 대는 'That's so disappointing.'이라고 해도 마찬가지로 아쉬움을 표현하는 말입니다.

[expression plus]

*날씨를 확인하다 check the weather
*계획을 변경하다 change the plan
*비올 확률 80퍼센트 a 80 percent chance of rain

276위 너무 무서운 것을 봤을 때

I got goose bumps all over.

A: Have you watched the move *Ring?* It was so scary.
B: Of course. It's a famous movie.
When I watched it, I got goose bumps all over.

*goose bumps 소름

소름이 쫙 끼쳤어요.

A: 영화 〈링〉 봤어? 너무 무섭더라.
B: 응, 너무 유명한 영화인데, 내가 봤을 때 너무 무서워서 소름이 쫙 끼쳤어.

[해설]

무서운 것을 보거나 공포에 질려 소름이 돋으면 피부가 닭살처럼 오돌토돌하게 됩니다. 이것을 goose bumps라고 합니다. 따라서 '소름이 쫙 끼쳤다'는 말은 'I got goose bumps all over.'라고 하면 됩니다. 비슷한 표현으로 'I got chills.'가 있는데 chills는 '냉기' 또는 '오싹함'입니다.

[expression plus]

*공포영화 horror movie
*~를 무섭게 하다 scare somebody
*무서워 비명을 지르다 scream out in fear

277위 비밀을 지키겠다는 다짐을 할 때

I will keep the secret.

A: Nobody know this secret, so don't tell.
B: Don't worry. I will keep the secret.

*keep the secret 비밀을 지키다

비밀 지켜 드릴게요.

A: 이 비밀은 아무도 몰라. 말하지 마.
B: 걱정 마. 비밀 지켜 줄게.

[해설]

'비밀을 지키다'는 keep the secret입니다. 따라서 '비밀을 꼭 지키겠다'고 다짐할 때는 'I will keep the secret.'라고 하면 됩니다. 비밀을 지키는 것과 관련된 좀 더 묘사적인 표현은 'My lips are sealed.'가 있습니다. 직역하면 말 그대로 '내 입술은 봉인되었다'의 뜻으로 절대로 비밀을 누설하지 않겠다는 말입니다.

[expression plus]

*우리 둘만의 비밀이야 It's just between you and me.
*비밀 지켜줄 거야? Will you keep the secret?
*무심코 비밀을 누설하다 spill the beans

278위 어떤 느낌이나 생각이 떠올랐을 때

I have a brilliant idea.

A: I have a brilliant idea. Listen.
B: Really? Tell me about it. I'm all ears.

*I'm all ears. 잘 듣고 있어.

좋은 생각이 났어요.

A: 좋은 생각이 났어요.
B: 그래? 말해 봐. 솔깃한데.

[해설]

어떤 좋은 느낌이나 생각이 떠올랐을 때 'I have a brilliant idea.'라고 말할 수 있습니다. 잘 아시다시피 brilliant는 '반짝이는', '재기 있는'의 뜻입니다. 'I just thought of something.'이라고 말해도 '뭔가 생각해 냈다'는 의미로 비슷하게 사용될 수 있습니다.

[expression plus]

*브레인스토밍하다	brainstorm
*아이디어를 생각해 내다	come up with an idea
*창의적인 생각	creative idea

279위 언제 어디에서나 적응이 뛰어난 사람을 보고

He wouldn't starve anywhere.

A: It's said that after his parents passed away, he got a part-time job to continue his schooling.
B: That's true. He wouldn't starve anywhere.

*pass away 죽다

쟤는 어디 가도 굶어 죽진 않겠다.

A: 그는 부모님이 돌아가신 후에, 학업을 계속하기 위해 알바를 구했대.
B: 맞아, 걘 정말 어디가도 굶어 죽진 않겠어.

[해설]

다양한 어려운 상황에서도 잘 적응하고 생활력이 강한 사람을 보고 '어디가도 굶어 죽지는 않겠다'고 말합니다. 영어로는 'He wouldn't starve anywhere.'라고 할 수 있습니다. 이말을 좀 더 풀어서 말하면 'No matter where he goes, he'll do just fine.'라고 할 수 있는데 말 그대로 '그는 어디가든지 잘 해쳐 나갈 것'이라는 말입니다.

[expression plus]

*~을 겪다, 경험하다 go through
*그 일 해서 생활비를 벌수 있어? Can you make a living doing that?
*야, 산전수전 다 겪었구나 You look like you've been through hell.

280위 자기의 책임을 남에게 미루려 할 때

Don't try to pass the buck.

A: I think it was not totally my fault. Everyone is responsible.
B: Don't try to pass the buck. You got us into this mess.

*pass the buck 책임을 전가하다

다른 사람에게 떠넘기려고 하지 않는 게 좋아.

A: 나에게만 책임이 있는 건 아니라고 봐. 모두에게 책임이 있다고.
B: 다른 사람에게 떠넘기려고 하지 않는 게 좋아. 네가 우릴 궁지에 빠뜨렸다 구.

[해설]

옛날에 카드를 돌릴 차례가 된 사람 앞에 놓는 표지를 buck이라고 했는데 이것이 '책임'이라는 말이 되어서 pass the buck이라고 하면 '책임을 전가하다'는 뜻입니다. 따라서 'Don't try to pass the buck.'라는 말은 자신의 책임을 남에게 미루려고 하는 사람에게 쓸 수 있습니다. 'Don't try to pass your responsibility to other people.'도 같은 의미입니다.

[expression plus]

*내가 책임질게요	The buck stops with me.
*책임감이 강한 사람	a man/woman of responsibility
*책임을 회피하지 마	Don't avoid your responsibility.

281위 - 300위 순위

281위 무슨 바람이 불었대?

282위 내 말 좀 끝까지 들어줘.

283위 됐어! (이제 그만해!)

284위 내 눈에 흙이 들어가기 전엔 안 돼!

285위 동전 던지기로 결정하자. (제비뽑기)

286위 정말 완벽해!

287위 건방진 소리 하지 마.

288위 두고 봐.

289위 몸이 날아갈 것 같아. /가뿐해.

290위 생각보다 별로 인데…….

291위 넌 내 밥이야.

292위 그는 싸가지가 없어.

293위 재는 날라리야.

294위 고민한다고 답이 나오냐.

295위 그는 뒤로 호박씨 깐다.

296위 너무 오버 하지 마.

297위 뭐 이런 놈이 다 있어!

298위 하루 종일 집에서 뒹굴었어.

299위 남자는 여자하기 나름이야.

300위 간뎅이가 부었군.

281위 What has got into you?

282위 Please, hear me out.

283위 That's enough.

284위 Over my dead body!

285위 Let's flip a coin.

286위 It's perfect!

287위 Don't get smart with me.

288위 Watch me.

289위 I feel light as a feather.

290위 It's not as good as I thought.

291위 I'll eat you alive.

292위 He has no respect!

293위 He is a party animal.

294위 Worrying doesn't solve anything.

295위 He does things behind people's backs.

296위 Don't be so dramatic!

297위 What kind of person does that?

298위 I just sat around at home all day.

299위 Behind every successful man is a woman.

300위 He has a lot of nerve.

281위 평소와 달리 긍정적인 행동을 하는 사람을 보고

What has got into you?

A: I decided to quit smoking, starting today.
B: Oh, what has got into you?

*quit 멈추다, 그만두다

무슨 바람이 불었대?

A: 나 오늘부터는 담배 안 피기로 했어.
B: 어머, 무슨 바람이 불었대?

[해설]

평소와 달리 갑자기 행동이나 태도가 긍정적으로 변한 사람을 보고 '무슨 바람이 불었지?'라고 하는데 영어로는 'What has got into you?'라고 말할 수 있습니다. 직역하면 '뭐가 네 속에 들어가 변했냐'는 의미가 되겠습니다. '정말 네가 맞냐?'는 식으로 우회적으로 표현할 때는 'Is that really you?'라고 할 수 있습니다.

[expression plus]

*갑자기 뭔 일이야?	What's the occasion?
*왜 갑자기 변했지?	Why the sudden change?
*~하기로 결심하다	make up one's mind to do something

282위 내 말을 상대방이 다 듣지 않고 자를 때

Please, hear me out.

A: Can't you please just hear me out and then tell your opinion?
B: I'm sorry. Please continue.

*opinion 의견

내 말 좀 끝까지 들어줘.

A: 내 말 좀 끝까지 듣고 난 다음에 네가 말하면 안 돼?
B: 미안해, 계속 말해.

[해설]

일반적으로 '듣다'는 hear이지만 hear out은 '끝까지 듣다'의 의미입니다. 따라서 '내 말 좀 끝까지 들어줘'라고 말할 때는 'Please, hear me out.'이라고 하면 됩니다. 달리 표현하면 'Please listen to the end.'라고 할 수 있습니다.

[expression plus]

*좋은 경청자 good listener
*말을 가로막지마라 You shouldn't interrupt.
*수다스러운 talkative

283위 어떤 신경 쓰게 만드는 행동을 그만 하라고 말할 때

That's enough.

A: I can't believe you did that.
B: That's enough! Stop bugging me about it.

*bug 괴롭히다

됐어! (이제 그만해!)

A: 네가 그런 일을 저질렀다는 게 믿기지가 않는다.
B: 됐어! 이제 그만 나무라라 구!

[해설]

어떤 성가신 일이나 귀찮게 하는 행동에 대해 그만하고 멈추라고 할 때 'That's enough.'라고 하면 '이제 할 만큼 했으니 그만하라'는 말입니다. 부모가 자꾸 짜증을 부리거나 하는 아이에게도 이 표현을 쓰는 것을 종종 볼 수 있는데 생각보다 강한 표현입니다. 이 말을 들으면 아이들이 움찔 하며 행동을 멈추는 것을 보게 됩니다.

[expression plus]

*그게 짜증나게 만들어	That bothers me.
*몇 번이나 말해야 알겠어?	How many times have I told you?
*그쯤 했으면 됐잖아!	Enough is enough.

284위 죽기 전에는 절대로 허락 할 수 없다는 표현

Over my dead body!

A: You want to marry him? Over my dead body!
B: I won't marry at all if I don't marry him.
Nothing can separate us.

*separate 갈라놓다

내 눈에 흙이 들어가기 전엔 안 돼!

A: 그랑 결혼하려고? 내 눈에 흙이 들어가기 전엔 안 돼!
B: 그가 아니라면 나 시집 안가요. 어떤 것도 우리를 헤어지게 할 수 없어요.

[해설]

어떤 일에 대해 매우 강력하게 반대할 때 '내 눈에 흙이 들어가기 전엔 안 돼'라고 하는데, 즉 살아있는 한 찬성 못한다는 말입니다. 영어로는 'Over my dead body.'라고 합니다. 직역하면 '내 시체위로 넘어가야 한다'는 것으로 절대 안 된다고 반대하는 것입니다. 비슷한 표현으로 'Not while I'm around.'이 있는데 '내가 살아 있는 동안엔 절대 안된다'는 말입니다.

[expression plus]

*절대 안 돼 Not on your life! / No way!
*이성적으로 생각해 Be reasonable!
*좀 생각해 보고 Let me think it over.

285위 어떤 결정을 할 때 (게임의 일종)

Let's flip a coin.

A: There's no wine left at home. Can you go get a few bottles.
B: Why is it always me? You never do it. Let's flip a coin this time.

*flip a coin 동전을 던지다

동전 던지기로 결정하자. (제비뽑기)

A: 집에 와인이 다 떨어졌어. 네가 빨리 가서 몇병 사와라.
B: 왜 맨날 나야? 너는 한 번도 안 가? 이번에는 우리 동전 던지기로 결정하자.

[해설]

어떤 결정을 동전 던지기로 결정할 때가 있습니다. 이때 '동전 던지다'는 flip a coin입니다. 따라서 'Let's flip a coin.'이라고 하면 '동전 던지기로 결정하자'는 말인데 flip은 '튀키다', '뒤집다'의 뜻입니다. 또한 동전의 '앞면'은 heads라고 하고 '뒷면'은 tails이라고 하는 점도 알아두시기 바랍니다.

[expression plus]

*가위, 바위, 보로 결정하다	do rock, scissors, paper to decide
*제비뽑기로 정하다	draw straws (→ 보통 가장 짧은 빨대를 뽑는 사람이 벌칙을 받는 사람이 됨)
*주사위 던져서 결정하다	roll the dice to decide.

286위 뭐하나 흠잡을 데 없이 잘 된 일에 대해

It's perfect!

A: What do you think of the Christmas decorations we made?
B: They are perfect.

*Christmas decoration 크리스마스장식

정말 완벽해!

A: 우리가 만든 크리스마스 장식 어때?
B: 정말 완벽해!

[해설]

흠잡을 데 없이 잘 된 일에 대해 'It's perfect!'라고 말할 수 있습니다. 완벽하다는 의미의 perfect는 다양하게 사용될 수 있습니다. 만약 여러 가지 것들이 완벽하면 'They are perfect.'라고 하면 되고 사람의 외모나 장점 등이 완벽하면 'He/She's perfect.'라고 하면 됩니다. 또 완벽함을 'It's just the thing.'이라고도 표현 할 수 있습니다.

[expression plus]

*완벽한 사람은 없다 No one is perfect.
*아직 완성되지 않았다 It's not complete yet.
*나무랄 데 없다 It's flawless.

287위 주제 넘는 소리를 하거나 그런 태도를 보이는 사람에게

Don't get smart with me.

A: So I've told you many times not to do it.
B: Don't get smart with me. You know nothing about it.

*get smart with somebody ~에게 건방지게 굴다

건방진 소리 하지 마.

A: 그러니까 그만큼 안 된다고 했건만.
B: 건방진 소리 하지 마. 네가 뭘 안다고.

[해설]
주제 넘는 소리를 하거나 건방진 태도를 보이는 사람에게 쓸 수 있는 말은 'Don't get smart with me.'입니다. 즉 '건방진 소리(행동)하지 마'의 뜻으로 get smart with이 '~에게 건방지게 굴다'의 뜻을 가지고 있습니다. '건방진'을 나타내는 cheeky를 사용하여 'Don't be cheeky.'라고 해도 같은 뜻입니다.

[expression plus]

*건방진 놈	Snob!
*부끄러움 많고 말수가 적은	shy and reserved
*변덕스러운	moody, temperamental

288위 잊지 않고 마음에 새겨 꼭 이루겠다는 표현

Watch me.

A: How can you play in the game if you haven't finished training.
B: Don't look down on me. Watch me. I'm going to win this time.

*look down on 깔보다, 무시하다

두고 봐.

A: 훈련도 못 끝냈으면서 왜 이번 경기에 참가하니?
B: 사람 깔보지 마. 두고 봐, 난 이번엔 꼭 이길거야.

[해설]

어떤 일에 대해 마음에 새기고 꼭 이루겠다고 다짐 하며 말할 때 '두고 봐'라는 말을 합니다. 이 때 쓰는 표현은 'Watch me.'입니다. '날 지켜보라'는 말로 화자의 다짐을 나타냅니다. 비슷한 표현으로 'Just you wait.'가 있는데 다짐을 나타낼 때 쓰기도 하지만, 맥락에 따라서 상대에게 '당한만큼 갚아주겠다'는 말로 쓰기도 합니다.

[expression plus]

*결심하다	make up one's mind
*새해 결심	New Year's resolution
*두고 보자 (협박)	I'll get you for this.

289위 정신, 신체 건강상태가 매우 양호할 때

I feel light as a feather.

A: Did you have a good time during vacation? How was it?
B: It was restful. I feel light as a feather. Vacation time is always good, you know!

*restful 평온한, 휴식을 주는 *light as a feather 깃털처럼 가벼운

몸이 날아갈 것 같아. /가뿐해.

A: 휴가 잘 보냈어? 어땠어?
B: 푹 쉬었어. 몸이 날아갈 것 같아. 역시 휴가가 좋다!

[해설]

충분한 휴식과 건강관리로 정신, 신체의 상태가 최상일 때 '몸이 날아갈 것 같이 가뿐하다'고 합니다. 영어로는 'I feel light as a feather.'라고 할 수 있습니다. '몸이 깃털처럼 가볍게 느껴진다'고 말하는 것이니 매우 좋은 상태임을 말하고 있습니다.

[expression plus]

*몸이 찌뿌둥하다 feel under the weather
*충분한 휴식을 취하다 take a good rest
*명상하다 meditate

290위 기대에 미치지 못했을 때

It's not as good as I thought.

A: This design, it's not as good as I thought.
B: Then do you want to have a different one?

*not as good as ~만큼 좋지 않은

생각보다 별로 인데…….

A: 이 디자인, 생각보단 별로네…….
B: 그럼 다른 걸로 할래?

[해설]

어떤 것이 기대에 미치지 못했을 때 '생각보다 별로'라고 말합니다. 이때 as ~ as 비교급을 사용하여 'It's not as good as I thought.'라고 할 수 있습니다. 비슷한 표현으로 'It's not quite what I had hoped for.'가 있는데 '내가 희망한 것이 아니다'라는 의미로 어떤 것이 기대한 것과 다름을 표현하고 있습니다.

[expression plus]

*내가 꼭 원하던 것이다 It's exactly what I hoped for.
*기대한 것 이상이다 It's better than I expected.
*기대한 것과 가깝다 It's close to what I expected.

291위 넌 내 상대가 안 돼! 라는 표현

I'll eat you alive.

A: Do you dare to fight against me? Give up. I'll eat you alive.
B: Behave yourself. You don't seem to know who I am yet.

넌 내 밥이야.

A: 나랑 싸우려고? 됐어. 넌 내 밥이야.
B: 조심해라. 너 아직 내가 누군지 모르는구나.

[해설]

다투는 상대에게 '넌 내 밥이다'라고 할 때 'I will eat you alive.'라고 할 수 있습니다. 직역하면 '산채로 먹어 치워버리겠다'가 됩니다. 또는 'I'll tear you apart.'도 '너를 찢어 놓겠다'는 말로 같은 의미를 나타냅니다. 콩글리쉬로 'You are my food.'라고 하는 일이 없도록 주의합시다.

[expression plus]

*혼날 줄 알아	I will teach you a lesson.
*번데기 앞에서 주름 잡네	You are teaching a fish how to swim.
*하룻강아지 범 무서운 줄 모른다	Fools rush in where angels fear to tread.

292위 버릇없는 행동을 하는 사람에게

He has no respect!

A: He parked his car in front of my house again.
B: He has no respect! Maybe he thinks you are a pushover.

*a pushover 만만한 사람, 간단한 일

그는 싸가지가 없어.

A: 그녀석이 또 우리 집 앞에 차를 댔어.
B: 정말 싸가지 없는 녀석이네. 너를 만만하게 보는 것 아냐?

[해설]

흔히 버릇없는 행동을 하는 사람을 보고 '싸가지가 없다'고 말합니다. 영어로는 'He has no respect.'라고 표현할 수 있습니다. 즉, '상대방에 대해 존중할 줄 모른다'는 말로 표현하고 있습니다. 비슷한 표현으로 '무례한'의 rude를 사용한 'He's so rude.'가 있습니다.

[expression plus]

*걔는 구제 불능이야 He is a hopeless case.
*걔는 다른 사람을 배려할 줄 몰라 He has no consideration for others.
*걔는 태도가 좋지 않아 He doesn't have a good attitude.

293위 놀기만 좋아하고 진지하게 공부하거나 일하지 않는 사람에게

He is a party animal.

A: What's with Jack? I saw him just goofing around school all the time.

B: He is a party animal. He doesn't do any work seriously.

걔는 날라리야.

A: 잭은 뭐하는 사람이야? 그가 우리 학교에서 싸돌아다니는 것을 자주 봤거든.

B: 걔는 날라리야. 진지하게 뭔 일을 하는 걸 못 봤어.

[해설]

놀기만 좋아하고 자신이 해야 할 일을 제대로 하지 않는 사람을 '날라리'라고 합니다. 영어로는 'He is a party animal.'이라고 할 수 있습니다. 맨날 파티 같은 여흥만 찾아다니거나 놀 궁리만 하고 진지하게 몰두해서 어떤 일을 하지 않는 사람을 가리킵니다.

[expression plus]

*그는 뺀질이야	He is a slacker.
*걔는 날라리야 (바람둥이야)	He is a player.
*진지함이라곤 없어	There isn't a serious bone in his body.

294위 오랫동안 어떤 문제로 끙끙 앓고 있는 친구를 격려하는 말

Worrying doesn't solve anything.

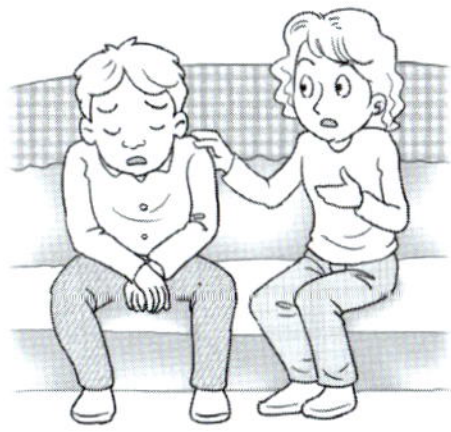

A: Worrying doesn't solve anything. Go and ask him directly.
B: It's not that easy. I need to think about what I am going to say.

*directly 직접

고민한다고 답이 나오냐.

A: 고민한다고 답이 나오냐. 직접 가서 물어봐.
B: 그게 그렇게 쉬운 게 아니니까 고민하고 있는 거잖아.

[해설]

어떤 문제를 가지고 오랫동안 고민하고 있는 친구에게 '고민한다고 답이 나오냐'며 격려할 때 쓸 수 있는 표현은 'Worrying dosen't solve anything.'입니다. 즉 '걱정은 아무 문제도 해결하지 못한다'는 것으로 '걱정하지 말라'는 간접적인 격려라고 볼 수 있습니다. 같은 의미를 나타내는 표현으로 'Stressing out isn't going to help anyone.'가 있습니다.

[expression plus]

*고민하다 (스트레스 상황에 두다) put oneself under stress
*문제 해결에 이르게 하다 lead to a solution
*걱정하지 말고 행복해져라 Don't worry. Be happy.

295위 안 그런 척 내숭을 떨 때

He does things behind people's backs.

A: If I were you, I would be careful about Alex.
He does things behind people's backs.
B: No way! Is he really that kind of person?
Then I may have to be careful around him.

*behind 뒤에서

그는 뒤로 호박씨 깐다.

A: 내가 너라면, 알렉스를 조심할거야. 그는 뒤로 호박씨 까더라.
B: 설마! 걔 정말 그런 사람이야? 그럼 앞으로 조심해야겠다.

[해설]
안 그런 척 내숭을 떨고는 실제로 뒤에서 꿍꿍이가 있는 사람을 '뒤로 호박씨 깐다'고 합니다. 영어로는 'He does things behind people's backs.'로 말 그대로 떳떳하게 앞에서 드러내놓고 행동하지 않고 '사람들 뒤에서 뭔가 행하는'사람을 말합니다. 비슷한 표현으로 'He is two-faced.'이 있는데 '위선적'이라는 말로 '호박씨 깐다'는 것을 표현하고 있습니다.

[expression plus]

*배신자	a back stabber.
*정직한, 솔직한	straightforward
*매우 교활한	as cunning as a fox

296위 지나치게 행동하지 말라고 당부할 때

Don't be so dramatic!

A: I'm going to scold him a little bit. He is too rude.
B: That may be a good idea. You should talk to him, but don't be so dramatic.

*scold 꾸중하다 *rude 무례한

너무 오버 하지 마.

A: 난 그에게 야단 좀 치려고 해. 그는 너무 건방지더라.
B: 그것도 좋겠다, 타이르되 너무 오버 하지는 마.

[해설]
행동이 지나치거나 과장된 경우 '오버 하지 마'라고 하는데 영어로는 'Don't be so dramatic!'이라고 하면 됩니다. dramatic은 '극적인'이란 의미입니다. 비슷한 표현으로 'Don't go overboard.'가 있는데 'go overboard'는 '배 밖으로 뛰어 물속으로 뛰어드는' 극단적인 행동을 하는 것을 의미합니다. 그러지 말라는 것이니 오버하지 말라는 말이 됩니다.

[expression plus]
*과장하다 exaggerate
*문제를 확대하다 escalate the problem
*소란을 일으키다 make a scene

297위 상식 밖의 행동을 하는 사람을 보고

What kind of person does that?

A: He used my laptop without permission! What kind of person does that?
B: Oh, that's not nice. Did he apologize?

*permission 허락

뭐 이런 놈이 다 있어!

A: 내 노트북 컴퓨터를 허락도 없이 사용하다니! 뭐 이런 놈이 다 있어?
B: 어머, 정말 심각한데. 걔가 사과했니?

[해설]

상식 밖의 행동을 하는 사람에 대해 'What kind of person does that?'라고 분한 억양으로 말하면 '뭐 이런 놈이 다 있어?'라며 분개하는 말입니다. 또는 'What kind of person is that?'하고 말해도 같은 의미입니다.

[expression plus]

*도통 신뢰가 안가는 녀석이야	I can't believe him.
*이번엔 그냥 넘어가지 않을 거야	I won't let it go this time.
*나쁜 자식!	What a jerk!

298위 나태한 하루를 보내고 나서

I just sat around at home all day.

A: What did you do over the weekend?
B: Well, I didn't do much. I just sat around at home all day.
A: I see. It's good to spend a day relaxing at home sometimes.

하루 종일 집에서 뒹굴었어.

A: 주말에 뭐했어?
B: 딱히 아무것도 안했어. 그냥 하루 종일 집에서 뒹굴었어.
A: 그렇구나. 가끔씩은 집에서 느긋하게 쉬는 것도 좋지.

[해설]
별일 없이 집에서 나태한 하루를 보내면 '하루 종일 집에서 뒹굴었다'는 말을 하는데 이때 쓸 수 있는 말은 'I just sat around at home all day.'입니다. 즉, '그저 집에 앉아 빈둥거렸다'는 말입니다. 'I just kicked back at home.'이라고 해도 같은 뜻인데 여기서 kick back은 relax, 즉 '쉬었다'는 말입니다.

[expression plus]

*휴가 어땠어?	How was your vacation?
*방콕 했어	I took a staycation (stacation: stay+vacation=집에서 쉬기)
*3일 휴가를 갖다	take three days off work

299위 남자의 성공은 여자의 노력 여하에 달려있다는 말을 할 때

Behind every successful man is a woman.

A: You can't talk about his success without mentioning his wife's help. He couldn't have been in such an important position without her.

B: Like they say, behind every successful man is a woman.

*mention 언급하다

남자는 여자하기 나름이야.

A: 그의 성공에는 그분 부인의 내조를 빼놓을 수가 없어.
그녀 없이 그가 그렇게 중요한 위치에 있을 순 없었을 거야.

B: 그래서 말이야, 남자는 여자하기 나름이야.

[해설]

남자의 성공 뒤에는 남자를 격려하고 후원해준 아내나 애인 등 여자가 있기 마련입니다. 이 때 쓸 수 있는 표현이 바로 'Behind every successful man is a woman.'입니다. 거의 같은 의미로 'Behind every successful woman is a nagging mother.'라고 해도 됩니다. a woman대신에 a nagging mother, 즉 '잔소리하는 엄마'로 바꾸어도 같은 뜻입니다.

[expression plus]

*그는 자수성가 했다	He made his fortune on his own.
*부지런한 사람이 성공 한다	The early bird catches the worm.
*뜻이 있는 곳에 길이 있다	Where there is a will, there is a way.

300위 겁이 없는 모양을 일컬어

He has a lot of nerve.

A: How can he come here with all the trouble he caused last time?
B: He has a lot of nerve. Get him out of here.

*nerve 뻔뻔스러움, 강심장

간뎅이가 부었군.

A: 지난번에 그런 일이 있고나서, 어떻게 그는 또 여기에 발을 디딜 수 있는거지?
B: 간뎅이가 부었군. 그를 쫓아버려.

[해설]

뻔뻔스러울 정도로 겁이 없는 사람에게 '간뎅이가 부었다'고 말합니다. 영어로는 'He has a lot of nerve.'라고 합니다. nerve는 기본적으로 '신경'이라는 뜻인데 '뻔뻔스러움', '강심장'으로도 사용됩니다. 비슷한 표현으로 'I can't believe he has the gall.'인데 gall이 '쓸개'를 의미하지만 여기서는 구어적으로 '뻔뻔스러움'으로 사용되었습니다.

[expression plus]

*담대한	bold
*그는 배짱이 있다	He has guts. (gut: 창자, 배짱)
*얼마나 담대한가! (뻔뻔한가!)	What a load of chutzpah [hútspə]!

tip chutzpah (후츠파)는 히브리어로 '뻔뻔스러움', '철면피'등을 의미하지만 이것이 '담대함', '창조정신'등의 긍정적인 의미로도 많이 쓰입니다. 따라서 위 표현은 문맥에 따라 긍정적인 의미 또는 부정적인 의미로 사용될 수 있습니다.

Me
mO

Me
mO